영어, 주머니 안에 쏙! 이제 달리자!

키워드별 대표 문장 핸드북

리스닝 mp3 파일 다운로드
blog.naver.com/saeumpub

Keyword
Sentences!

Album

This album reminds me of my happy school days.

Baby

The photographer tried everything to make the baby smile.

Car

He had trouble getting the car started in the cold weather.

Dog

Dogs can become aggressive if provoked.

Elevator

An elevator is a small room that carries people or goods up and down in tall buildings.

Floor

It is disgusting to see people spit on the floor.

Game

The game was suspended because of the rain.

Hair

I had my hair cut short at the barbershop.

Island

The island is famous for its beautiful scenery.

Juice

Drinking orange juice every morning is good for your health.

Key

I clearly remember putting the key in my pocket this morning.

Line

A straight line is the shortest distance between two points.

Mirror

Objects in the mirror are closer than they appear.

Newspaper

I have subscribed to the newspaper for ten years.

Onion

My eyes are always filled with tears whenever I peel onions.

Pencil

I cut my finger while sharpening the pencil.

Question

Consider the question carefully before you respond.

Rose

The fragrance of a rose is so sweet that it can fill the entire room.

Student

The student was suspended for the fact that he cheated on the exam.

Theater

The movie was about to begin when we stepped into the theater.

Umbrella

On rainy days he never goes out without losing his umbrella.

Vase

The vase he dropped broke into pieces.

Water

It would be a miracle if a person walked on water.

X-ray

The doctor took x-rays to see if there were any fractures.

Youth

She seems to have been a beauty in her youth.

Zoo

I will take my kid to the zoo this weekend.

10
Sentences!

A
album

This apple reminds me of the grocery store.

This game reminds me of the stadium.

This insect reminds me of last summer vacation.

This room reminds me of the attic.

This x-ray photograph reminds me of the patient.

She reminds us of what is really important in life.

Helplessness can deprive us of energy and vitality.

His misunderstanding deprived me of the chance to explain my actions.

Some parents deprive their children of the love they require for healthy growth.

The teacher informed the principal of the student's accident.

baby

The assassin tried everything to kill the traitor.

The criminal tried everything to destroy all the evidence.

The engineer tried everything to explain the new technology.

The interpreter tried everything to translate the article into French.

The lawyer tried everything to win the lawsuit.

The nurse tried everything to take care of the old man.

The prisoner tried everything to escape from the jail.

The refugees tried everything to get food and shelter.

The tutor tried everything to make the student understand the grammatical points.

The woman lawmaker tried everything to pass the bill.

C

car

The child has trouble concentrating in class.

I have difficulty expressing my emotions.

She has trouble getting pregnant.

The police have trouble identifying the body.

He has trouble overcoming adversity.

The management had trouble persuading the labor union.

He had trouble comforting his wife who had a miscarriage.

The patient has a hard time walking without crutches.

I had trouble letting my son understand everything he does counts.

The two sides had difficulties reaching an agreement.

D

dog

The application will be returned unless filled out properly.

The child will be sent to an orphanage unless adopted.

College freshmen told their personal goals when asked.

The driver was sent to the nearest hospital when injured.

The book received a lot of praise when translated into several languages.

The game became tougher when played in capricious weather conditions.

The mayor will be put into the jail if accused by the prosecution.

The student was sent to the school infirmary when he skinned his legs and arms.

He will become very proud when complimented by the principal.

The employee was extremely delighted when complimented by the boss.

elevator

An atheist is a person who denies the existence of God.

I respect the minister who has devoted his entire life to helping the poor.

I miss my mother who died giving birth to me.

I like the restaurant which looks very clean.

I love the music that makes me happy.

People like the politician who does what he thinks is right despite tremendous political pressure.

I like to advise the people who sacrifice the present moment for the sake of the future.

I vividly remember the girl who would sit by the door, with knees drawn to the chest.

I like the man who speaks in a soft and quiet voice.

He envies the businessman who can earn in a year what could take average people up to a decade to earn.

It is bad to blame others in person.

It is dangerous to cross the deep river.

It is good to exercise regularly every day.

It is hard to create or learn new things when we are frightened, angry or depressed.

It is important to live a balanced life.

It is impossible to change the personality you are born with.

It is natural to be attracted to kind people.

It is necessary to help the poor and the sick.

It is possible to persuade him to accept the suggestion.

It is rude to enter the house without permission.

The orphan was raised by the monk.

The remains were found at the foot of the mountain.

Ten books could be checked out at a time because of the new library policy.

The student was expelled because he smoked at school.

The whole squad was disciplined because of the mistake one soldier had made.

The suggestion was refused even though he did his best.

The wife was brutally murdered when her husband came home.

The employee might be fired unless she worked hard.

Fear can be overcome with the help of wise thinking.

The bodies were sent to the National Institute of Scientific Investigation for identification and autopsy.

Ⓗ

hair

I had my film developed.

I had my visa extended.

I had my wrist x-rayed.

I had my hair shaved.

I had my manuscript edited.

I had my trousers ironed.

I had my fingers colored red.

I had my driver's license suspended.

She had her shoes polished yesterday.

My mother had her suitcase delivered to her house.

The book is famous for its peculiar design.

The church is famous for its devout congregation.

The company is famous for its unique products.

The festival is famous for its splendid fireworks.

The flower is famous for its fragrance.

The house is famous for its huge study.

The Pope is famous for his unlimited love.

The professor is famous for his eccentric character.

The scholar is famous for his numerous books.

The theater is famous for its popular performance.

juice

Arresting the criminal is urgent.

Approaching the building is prohibited.

Asking a lady her age is impolite.

Changing your eating habits is the best way to lose weight.

Expecting something good to happen is good.

Expressing an opinion is necessary.

Giving up trying to change is bad.

Helping people in need is necessary.

Spending the weekend relaxing in the countryside is good for your health.

Trying to attain goals is significant.

key

I remember arguing over things that didn't matter.

I remember assisting him in finding the document.

I remember being ignored because I looked poor.

I remember being treated like a suspect.

I remember bleeding when I had a car accident.

I remember climbing the mountain.

I remember dropping out of school at the age of thirteen.

I remember my heart pounding when I first met her.

I remember noticing something strange about him.

I remember notifying the police that my son disappeared.

line

He was the most arrogant man in the meeting.

She is the smartest student in the class.

The dream was the worst nightmare I have ever had.

He was the bravest fire fighter in the fire station.

That is the nearest pharmacy from here.

It is the most expensive suit in the store.

He is the most influential sales employee in the dealership.

He is the most cruel murderer in the crime history.

This is the most interesting book in the library.

This is the most useful tool on the shelf.

The apple is bigger than the one in the basket.

The dam was more enormous than I thought.

The first room is three times larger than the second.

The gentleman is much older than you think.

My goal is not to be better than anyone else but rather be better than I was yesterday.

Negative words destroy a person quicker than you imagine.

Nothing is more beautiful than cheerfulness in your face.

The rose is prettier than any of the flowers in the garden.

One leg is shorter than the other.

What you think of yourself is much more important than what others think of you.

Keyword

N

newspaper

I have arrived at the station.

He has been to England.

She has ignored people for a long time.

I have stood my alcoholic husband for over ten years.

Experts have argued about what makes a person happy years.

I have been to the orchard to pick pears.

My feet have gone numb with cold.

He has given me something far more valuable than money.

He hasn't paid me the money he owes me.

Tears have rolled down my cheeks.

O

onion

I feel nervous whenever I go onto the stage.

The other person will want to reciprocate by doing something nice for you, whenever you do something nice or someone else.

He feels joyful whenever he listens to the music.

I become angry whenever he tells me a lie.

Whenever you have a problem or difficulty of any kind, look upoon it as a special opportunity that is sent to help you to become stronger.

The vast open space reminds me of how small we are whenever I look at the night sky.

We rarely get bored whenever we are doing something exciting and interesting.

I would stop by my favorite coffee shop whenever I feel gloomy.

You experience stress whenever you procrastinate, especially on important tasks.

Try to carry a little photo album that has a picture of your kids whenever you travel for business.

P

pencil

She crossed her legs while talking on the phone.

He tried to find her intention while listening to her.

He listened to the weather forecast while driving the car.

You should not slight what's near while aiming at what's far.

We are losing something valuable while accumulating material wealth.

I came up with good ideas while talking to my brother.

I'd sit on the bench in the park while waiting for my friend to come.

I happened to meet a friend of mine while walking down the street.

He had an accident while driving in a blizzard.

He scanned the newspaper while having his breakfast.

Q
question

Apologize to your friend before it is too late.

Check the expiration date on canned food when you buy it.

Count to ten before you speak when you are angry.

Hear both sides before you judge.

Make sure your passport is still valid before you buy your plane ticket to go abroad.

Organize your thoughts before you start writing.

Read the contract minutely before you sign it.

Remember to close the windows before you leave work.

Show the security ID card before you enter the building.

Try to keep a diary before you finish your day.

He was so afraid that he could not climb the cliff.

She is so stubborn that nobody can persuade her.

He was so hot that he plunged into the river.

She was so ashamed that she wanted to cry.

He was so fat that he looked as though he had been blown up with a powerful pump.

The lesson was so important that I decided to write a book about it.

The belief in democracy was so strong that he sacrificed his life for it.

The floor of the waiting room was so slippery that he almost fell.

It was so dark that I didn't know where to go.

She felt so dizzy that she could not stand.

student

You must accept the fact that you lost the game.

He was shocked by the fact that his life changed so suddenly.

We need to enjoy the fact that we are alive.

Think about the fact that you are healthy enough to work.

I was deeply impressed by the fact that she was a sculptor.

We face the fact that we all must die.

It is hard to deny the fact that honor won't last.

Take comfort in the fact that you are not alone.

I lament the fact that I don't fully understand the meaning of the teaching.

I thank her for the fact that she has devoted her entire life to helping the poor.

theater

The door is about to slam.

He was about to show the tourist the exact location of the building.

The house is about to be destroyed by the flood.

I'm about to recall the man I met yesterday.

Something wonderful is about to happen to you.

They are about to share the information.

The woman is about to give birth to twin girls.

We are about to learn the operating system.

The wasp is about to fly back through the window.

He was about to go back inside because it was too cold.

Keyword

U

umbrella

He never drinks without driving his car.

She never speaks without smiling.

She never watches the drama without crying.

He never discusses the matter without being skeptical.

She never sleeps without having a nightmare.

He never goes to the store without shoplifting.

She never drinks without singing a song.

He never studies English without analyzing the structure of a sentence.

She never reads a novel without wondering how the hero's fate would turn out.

Most Koreans never think about Japan without harboring resentment against Japan for its colonial rule.

vase

The fishing rod I bought yesterday is very strong.

The meeting I attended lasted for three hours.

The movie I watched with my son contained violent scenes.

The rumor I heard yesterday is spreading like a wildfire throughthe Internet.

The perfect spouse he has been looking for doesn't exist.

The dictionary I bought at the bookstore is very thick.

The singer I adore received a standing ovation from the crowd after the performance.

The student I want to recommend is very smart.

The suspect I had arrested confessed his crime.

The woman I met last weekend is a devout Christian who prays several times a day.

water

He would be released if he were innocent.

I would be happy if she treated her liver cancer.

I would purchase the expensive car if I were rich.

My family would not be shattered if my father were not a drug addict.

I would believe him if the rumor were groundless.

I would call him if I knew his contact number.

I would wear the dress if I were not fat.

He would be exempted from military service if his eyesight were severely poor.

The hair loss would not occur if there were no stress.

We would live a meaningful life if we lived every day like it could be our last.

Keyword

x-ray

The cop entered the building to arrest the criminal.

He will go to the court to testify.

We met the mayor to explain the situation.

I work hard to double my income in the next year.

He became a substitute driver to make a living.

She went to the beauty shop to dye her hair blonde.

He met the director to make a quick appearance in the film.

The deaf girl used sign language to communicate with us.

I entered the attic to replace the old light bulb with a new one.

I tried to overcome stage fright to become a good actor.

He seems to hate his nephew.

She seems to lose her necklace.

He sees to judge people by their appearance.

He seemed to be unconscious by the time I got there.

She seems to feel inferior to other people.

He seems to suffer from depression.

She seems to be addicted to gambling.

He seemed to imitate what he had seen in committing the crime.

She seems to be undaunted by the criticism.

He seems to pour paint thinner on himself and try to set himself on fire.

Keyword

Z

ZOO

I will take the ambassador to the embassy.

He will take the injured people to the hospital.

She will take the orphans to the amusement park.

I will take the students to the dormitory.

We will take the widows to the national cemetery.

I took the witness to the police station.

He took the experts to the conference room.

I took the defendant to the courtroom.

He took the athletes to the stadium.

I took the deserted soldier to the military base.

실제로 특허받은 '영어 문장을 학습하는 장치 및 방법'을 통해

이강석 지음

영어, 이제는 달리자!

새흥

이 책의
구성과 사용법
한눈에 보기

step 1

키워드와 대표 문장 / 덤 & 팁 / 대표 문장 구조 연습

〈step 1〉에서 우리는 학습할 알파벳과 키워드를 소개받게 됩니다. 이제 키워드를 생각하면 저절로 머릿속에 떠오를 대표 문장을 암기합니다. 덤으로 얻을 수 있는 팁까지 재미있게 학습하고 나면 다시 대표 문장으로 돌아와 살짝 변형된 문장들을 익혀봅니다.

step 2

내용 학습

본격적으로 키워드 대표 문장의 구조와 문법에 대해 학습합니다. 『영이달』만의 실용적인 구조 학습과 문법 설명을 통해 한층 심화된 지식을 얻을 수 있습니다.

✚플러스 설명

중요 문법 설명과 함께 학습하기 좋은 심화 내용을 전달합니다.

『영이달』에만 있는 차별화된 학습법으로 구조와 문법이 결합해 고차원의 문장이 되는 원리를 설명합니다.

step 3

마무리 10문장 / Check it out!

『영이달』이 자랑하는 특허받은 고급 10문장을 암기하고 마지막 Check it out!을 통해 전체 내용을 복습합니다.

Contents

특허받은 영어 학습법이란 무엇인가?

'특허받은 영어 학습법'은 '영어 문장을 학습하는 장치 및 방법'이라는 발명 명칭으로 특허를 획득한 Keyword 학습법을 가리킵니다. 이것을 줄여 '특영법'이라고 불러왔습니다. 〈특영법〉의 목표는 크게 두 가지였습니다.

1. 안 보고 하자.
2. 배운 것은 전부 기억하자.

실제 대화에서는 교재를 보지 않고 말해야 합니다. 그런데 그동안의 영어 공부로는 수업을 듣고 책을 볼 때는 되지만 실생활에서는 교재 없이 입이 열리지 않는 문제가 있었습니다. 또한 배운 내용을 계속 활용하지 않으면 쉽게 잊히는데, 일상에서 영어를 반복할 수 있는 환경이 흔치 않다는 것도 문제점이었습니다. 이 두 가지 가장 큰 문제를 해결하기 위해 보지 않고도 말할 수 있는 '안 보고 하자'와 혼자서도 반복 훈련하여 '배운 것은 전부 기억하자'라는 목표를 세운 것입니다. 그게 가능할까 싶겠지만, 그러기 위해, "영어 문장을 학습하는 장치 및 방법"을 고안해 특허를 취득했던 것입니다. 그것이 가능했다는 것은 이후 나온 『특허받은 영어 학습법』이 증명해주었습니다.

그것을 어떻게 책으로 만들었는지 간략히 예를 들어보겠습니다.

반갑다 keyword야!

책을 보지 않고 학습한 내용을 반복하려면 최소한의 정보를 이용, 연상하여 많은 양을 암기하는 방법이 필요합니다. 그래서 키워드를 이용했습니다.

A ⋯▶ album ⋯▶ I want you to show me the album.
B ⋯▶ baby ⋯▶ I told you not to make the baby cry.
C ⋯▶ chair ⋯▶ Do you mind if I borrow the chair?

무작정 임의의 세 문장을 외워보라고 하면 그럭저럭 해내기야 하겠지만, 30문장 300문장을 외울 수는 없습니다. 하지만 각 알파벳에 키워드 단어를 연결해서 문장을 외우면 자연스레 키워드와 함께 내용이 생각나고, 그 문장 안에 있는 고정 구문을 통해 비슷한 패턴을 수없이 만들어낼 수 있습니다.

예를 들어 알파벳 g에 해당하는 키워드는 game인 것을 암기합니다. 그리고 game이 들어간 간단한 문장 "I'm ready to play the computer game."을 고정 구문과 함께 학습한 뒤 고정 구문 I'm ready to~ '나는 ~할 준비가 되어 있다.'를 다른 내용에 응용하는 것입니다.

'나는 집에 갈 준비가 되어 있다'는 어떻게 표현할까요?
I'm ready to go home.

'나는 탐험할 준비가 되어 있다'는 어떻게 표현할까요?
I'm ready to explore.

복습할 때 역시 26개의 알파벳에 해당하는 키워드를 먼저 기억해내고 그 단어가 포함된 문장을 떠올립니다. 그리고 그 안의 고정 구문으로 다른 표현에 도전합니다. 이렇게 우리는 알파벳 26개에서 시작해 100개의 문장을 보지 않고, 혼자서도 복습힐 수 있었습니다.

'고급' 특영법은 이렇게 다르다!

그렇다면 이번 책은 어떤 구조를 띠고 있을까요?
사실 처음에 특허청에서 특허를 받았던 문장은 이 책에 소개되는 문장들입니다. 그런데 문장들의 난이도가 약간 높았기 때문에 처음 영어를 공부하려는 사람들에게는 어렵게 보일 수 있겠다고 생각했고, 그래서 기존 〈특영법〉에서는 좀더 단순화시켰던 것입니다. 이제 이번 책은 기존 단계는 물론, 고급 수준까지 아우르는 원래의 특허받은 문장을 사용하게 되었습니다.

기존의 〈특영법〉을 공부해본 분들은 입을 모아 말씀해주셨습니다.

"키워드만 떠오르면 문장은 쉽게 떠올라요."

이번 『영어, 이제 달리자!』(이하 영이달)의 문장들은 길이나 수준이 한층 업그레이드되었습니다. 그만큼 한 문장을 외웠을 때의 효과도 더 커졌습니다. 길고 어려운 문장이라도 여전히 키워드 학습법으로 암기가 가능한 이유는, 첫째, 26개의 대표 문장들이 살면서 누구나 한 번씩 경험해봤을 내용을 담고 있기 때문입니다.

foot ⋯▸ I apologized to her for stepping on her foot in a crowded bus.
나는 만원 버스 안에서 그녀의 발을 밟아서 사과했다.

'발'을 생각하면 '냄새 나는 발', '상처투성이인 발레리나의 발' 등 여러 가지 연상되는 것들이 있겠지만 만원 버스나 지하철 안에서 본의 아니게 누군가의 발을 밟아서 상대에게 미안했던 경험, 다들 한 번씩 있지 않나요? 문장을 볼 때 그 내용을 기억 또는 상상하며 암기하면 영어 문장이 쉽게 생각납니다.
둘째, 이번 『영이달』이 대상으로 삼는 문장은 객관적 사실이나 역사적 사실이 담긴 문장입니다. 객관적 사실이나 역사적 사실은 우리가 상식적으로 알고 있고 시간이 지나도 변함없기에, 키워드만 생각해내면 그 내용은 쉽게 떠오르게 됩니다. 다음 문장을 볼까요?

book ⋯▸ The book has a preface written by the author.
그 책에는 저자에 의해 쓰여진 서문이 있다.

대부분의 책은 저자가 책을 쓴 동기와 목적을 담은 서문을 담고 있습니다. 그래서 book이라는 단어를 볼 때 자연스럽게 책과 관련된 단어인 '저자(author)'나 '서문(preface)'이 들어 있는 위 문장이 떠오릅니다. 이렇게 객관적 사실을 담은 문장은 쉽게 기억됩니다.

president ⋯▸ 1963 is the year when President Kennedy was assassinated.
1963년은 케네디 대통령이 암살된 해이다.

1963년 오스왈드에 의해 암살된 케네디 대통령을 아마 아실 겁니다. 1963년이라는 정확한 정보는 알지 못했더라도, 그해에 암살당한 역사적 사실은 변함없으니, 상식이 넓어지는 효과까지 생각하며 암기해두면 한번 학습된 '객관적 사실 문장'을 떠올리는 것이 그리 어렵지 않을 것입니다. 따라서『영이달』이 기존『특영법』보다 문장은 어려워졌지만 떠올리기는 결코 어렵지 않음을 알 수 있습니다.

우리는 **무엇을 얻을 수 있을까?**

그렇다면 우리는 이번『영이달』을 통해 무엇을 얻을 수 있을까요?
우선 키워드와 연관된 단어와 숙어를 얻을 수 있습니다.

foot의 키워드 문장 'I apologized to her for stepping on her foot in a crowded bus.'를 보면 발과 연관된 표현인 '밟다'라는 뜻의 step on이라는 숙어가 있음을 알 수 있습니다.

book의 키워드 문장 'The book has a preface written by the author.'에는 책과 관련된 단어인 preface(서문), author(작가)가 들어 있고,

president의 키워드 문장 '1963 is the year when President Kennedy was assassinated.'에는 대통령과 연관된 단어인 assassinate(암살하다)라는 단어가 사용되었음을 알 수 있습니다.

이번 『영이달』을 통해 얻을 수 있는 두 번째 영역은 문법입니다.

foot의 키워드 문장 'I apologized to her for stepping on her foot in a crowded bus.'에는 이유를 나타내는 전치사 for 다음 동명사 stepping이 쓰인 것을 알 수 있습니다. 본문을 학습하고 나면 어떤 경우에 전치사 for를 써야 하는지, 전치사 뒤에는 어떤 품사가 와야 하는지 알게 됩니다.

book의 키워드 문장 'The book has a preface written by the author.'에는 written이라는 과거분사가 앞의 preface라는 명사를 수식해주는 문법이 들어 있습니다.

president의 키워드 문장 '1963 is the year when President Kennedy was assassinated.'에는 관계부사 when이 사용되었는데, 역시 설명을 덧붙일 때 핵심적인 문법이니 본문에서 자세히 학습해보겠습니다. 키워드 문장의 문법들은 실제 영어 사용에 꼭 필요한 내용만 골라 설명하고 있습니다.

마지막으로 『영이달』을 통해 얻을 수 있는 세 번째 영역이자 가장 중요한 부분은 응용입니다. 앞에서 단어와 숙어 그리고 문법을 얻었으니 이제 습득한 내용을 가지고 응용할 수 있습니다.

foot이라는 키워드를 떠올리고 'I apologized to her for stepping on her foot in a crowded bus.'라는 문장을 학습했다면, 내가 얻은 표현과 'apologize to A for B' 구조를 가지고 다양한 문장을 응용해서 만들 수 있습니다.

'그는 어제 공원에서 거짓말한 것에 대해 나에게 사과했다.'는 어떻게 표현할까요?

…▸ He apologized to me for lying in the park yesterday.

'그녀는 사람들 앞에서 모욕을 준 것에 대해 나에게 사과했다.'는 어떻게 할까요?

…▸ She apologized to me for insulting in public.

마찬가지로 book이라는 키워드를 떠올리고 'The book has a preface written by the author.' 문장 속 과거분사의 개념을 학습했다면 다음과 같은 문장을 만들 수 있습니다.

They raise a baby adopted at the orphanage.

그들은 고아원에 입양된 아기를 기르고 있다.

He bought a necklace made in America.

그는 미국에서 만들어진 목걸이를 샀다.

이와 같이 『영이달』의 '고급 특영법' 문장을 통해서 단어와 문법 그리고 수많은 응용 문장을 얻을 수 있습니다. 무엇보다 알파벳 순서로 되어 있는 키워드를 통해 학습한 문장을 '보지 않고' 말할 수 있다는 것은 여전히 최대의 강점이 될 것입니다.

영어 공부에 있어 말하기에 초점을 맞추면 삶과 유리된 문장이 아닌, 생활에서 직접 사용할 수 있는 현실적인 문장을 만들어내는 장점이 있습니다. 이렇게 『영이달』 문장들을 응용해 자신이 직접 문장을 쓰고 말할 수 있다면 여러분은 이제 영어로 스피킹과 라이팅을 동시에 할 수 있게 된 것입니다. 실제로 특허받은 '영어 문장을 학습하는 장치 및 방법' 문장을 통해 여러분이 원하는 문장을 무한대로 만들어내시기 바랍니다.

Album

Baby

Car

Dog

Elevator

Floor

Game

Hair

Island

Juice

Key

Line

Mirror

Newspaper

Onion

Pencil

Question

Rose

Student

Theater

Umbrella

Vase

Water

X-ray

Youth

Zoo

Q. '앨범'이라는 단어를 보면 뭐가 떠오르나요?

This album reminds me of my happy school days.

앨범을 보니까 즐거웠던 학창시절이 생각난다.

Album

This **album** reminds me of my happy school days.

> 앨범이라는 단어를 보면 뭐가 떠오르나요? 다락방 구석에 먼지를 뒤집어쓴 채 보관되어 있
> 는 유치원 졸업 앨범이 생각날 수 있고, 가족의 소중한 추억을 담은 앨범이 생각날 수도 있습
> 니다. 여러 가지 기억 중에 누구나 한 번쯤, 앨범을 보며 즐거웠던 학창 시절을 떠올린 경험이
> 있을 겁니다. 그래서 우리가 공부할 문장은 "이 앨범을 보니까 즐거웠던 학창시절이 생각난
> 다."를 영어로 표현한 것입니다.

This album reminds me of my happy school days.

이 앨범을 보니까 즐거웠던 학창시절이 생각난다.

이 문장이 머릿속에 있으면 수없이 많은 문장을 응용해서 말할 수 있습니다.

우리말에 '덤'이라는 말이 있지요? album이라는 단어로 문장을 자동적으로 떠올렸으니
album으로 또 다른 단어를 공부할 수 있는 덤을 드리겠습니다. album이란 단어 안에는
'부랑자' '백수'라는 뜻의 bum이 들어 있습니다.

He is nothing but a bum. 그는 백수일 뿐이야.

bum이 동사로 쓰이면 '공짜로 ~을 얻다.'라는 뜻으로 일상에서 많이 쓰입니다.

Can I bum a cigarette? 담배 한 대 얻을 수 있을까요?

album이라는 쉬운 단어를 통해 bum이라는 단어를 얻었습니다. album을 학습할 때 자
연스레 bum도 같이 떠오를 것입니다.

대표 문장 구조 연습

이번에는 〈A: album〉 키워드 문장의 기본 구조를 활용해서 실생활에 쓰이는 다양한 문장들을 만들어보겠습니다. 〈remind A of B: A에게 B를 상기시키다.〉입니다.

가령 길을 걷다 우연히 가게에서 흘러나오는 음악을 듣고 그 음악을 좋아했던 옛 친구가 생각났다고 해보세요. 다음과 같이 말하면 됩니다.

This song reminds me of my old friend.
이 노래를 들으니 내 오랜 친구가 생각난다.

또 할아버지의 젊은 시절 사진을 보고 생전에 나를 잘 보살펴주신 할아버지가 그리워졌다면 다음과 같이 말할 수 있습니다.

This photo reminds me of my grandfather.
이 사진을 보니 할아버지가 생각난다.

또 서점에서 책을 보고서 어떤 작가가 생각날 때는 다음과 같이 표현할 수 있습니다.

This book reminds me of the author.
이 책을 보니 그 작가가 생각난다.

이 노래를 들으니 내 오랜 친구가 생각난다.

......

이 사진을 보니 할아버지가 생각난다.

......

이 책을 보니 그 작가가 생각난다.

......

Step 2
내용 학습

자, 이제 〈A: album〉 키워드 문장에 어떤 중요한 내용이 들어 있나 확인해볼까요?
이 문장이 중요한 이유는 remind라는 동사의 성격 때문입니다. remind는 'A에게 B를 생각나게 하다.'라는 형식으로 쓰여서 'remind A of B'의 구조로 사용됩니다. 이때 of라는 전치사의 쓰임을 빠뜨리지 않도록 주의하시기 바랍니다. 시험을 보거나 독해할 때는 익숙하지만 말을 할 때는 이런 규칙을 잊고 말하는 경우가 많습니다. remind처럼 뒤에 of를 동반해야 하는 동사들을 좀더 알아보겠습니다.
중죄를 저질러 투표권이 박탈된 사람이 있다고 생각해보세요. 그 내용을 영어로 표현하면 다음과 같습니다.

They deprived me of the right to vote.
그들은 내게서 투표할 권리를 박탈했다.

'박탈하다'라는 뜻의 deprive도 'A에게서 B를 박탈하다.'라는 의미로 사용되기 때문에 of를 꼭 동반해야 합니다. 하나 더 볼까요? 전장에서 전사한 병사의 사망통지서를 지휘관이 직접 그의 아내에게 전해준다고 생각해보세요.

He informed her of her husband's death.
그는 그녀에게 남편의 죽음을 알렸다.

'알리다'라는 뜻의 inform도 'A에게 B를 알리다.'라는 뜻으로 쓰이기 때문에 역시 of가 꼭 필요합니다. album이라는 단어나 사물을 볼 때마다 해당 문장을 떠올려보세요.

remind A of B	A에게 B를 상기시키다, 떠오르게 하다.
deprive A of B	A에게서 B를 박탈하다.
inform A of B	A에게 B를 알리다.

그들은 내게서 투표할 권리를 박탈했다.

....

그는 그녀에게 남편의 죽음을 알렸다.

....

14

자, 이제 〈A: album〉 키워드 문장으로 만들어낼 수 있는 문장을 정리해보겠습니다. 이 문장들 뒤에 또 다른 문장이 연결될 수도 있다는 것을 염두에 두고 익히기 바랍니다.

This apple reminds me of the grocery store.

이 사과를 보니 그 식료품 가게가 생각난다.

This game reminds me of the stadium.

이 경기를 보니 그 경기장이 생각난다.

This insect reminds me of last summer vacation.

이 곤충을 보니 지난 여름휴가가 생각난다.

This room reminds me of the attic.

이 방을 보니 그 다락방이 생각난다.

This x-ray photograph reminds me of the patient.

이 엑스레이 사진을 보니 그 환자가 생각난다.

She reminds us of what is really important in life.

그녀는 우리에게 인생에서 진정 중요한 것이 무엇인지 상기시켜준다.

Helplessness can deprive us of energy and vitality.

무기력은 우리에게서 에너지와 활력을 빼앗아갈 수 있다.

His misunderstanding deprived me of the chance to explain my actions.

그의 오해는 내게서 내 행동들을 설명할 기회를 빼앗아갔다.

Some parents deprive their children of the love they require for healthy growth.

어떤 부모들은 그들의 아이들에게서 건강한 성장을 위해 그들이 필요로 하는 사랑을 빼앗기도 한다.

The teacher informed the principal of the student's accident.

그 교사는 교장에게 그 학생의 사고를 알렸다.

Check it out!

A » album

step 1

"이 앨범을 보니까 즐거웠던 학창시절이 생각나!"

이 노래를 들으니 내 오랜 친구가 생각난다.

이 사진을 보니 할아버지가 생각난다.

이 책을 보니 그 작가가 생각난다.

Step 2

remind A of B   A에게 B를 상기시키다.

deprive A of B   A에게서 B를 박탈하다.

inform A of B   A에게 B를 알리다.

Step 3

10 sentences!

Baby

Q. '아기'라는 단어를 보면 어떤 장면이 떠오르나요?

The photographer tried everything
to make the baby smile.

그 사진사는 아기를 웃게 하려고 온갖 노력을 다했다.

Baby
The photographer tried everything to make the **baby** smile.

'아기'라는 단어 하면 떠오르는 것이 뭐가 있을까요? 기저귀를 차고 아장아장 걷는 모습이나 방긋 웃는 얼굴 등이 떠오를 것입니다. 자장가로 아기를 달랬던 기억(She soothed the baby with a lullaby)이나 요람에 아기를 눕혔던 기억(She laid her baby in the cradle)이 있을지도 모릅니다. 그런데 한 번쯤 경험해보았을 또 다른 인상적인 장면은 아기의 돌 사진 찍을 때의 상황입니다. 조용히 앉아서 사진을 찍는 아기는 거의 없습니다. 그래서 아기의 부모와 가족들 모두 아기를 웃게 하려고 무진 애를 씁니다. 하지만 누구보다 사진사가 가장 애를 먹을 것 같습니다. 그 상황을 영어 문장으로 표현하면 다음과 같습니다.

The photographer tried everything to make the baby smile.
그 사진사는 아기를 웃게 하려고 온갖 노력을 다했다.

이 문장을 외워두면 앞에서 'album'을 봤을 때 자동적으로 키워드 문장이 떠오르듯 'baby'나 실제 아기를 볼 때 위의 문장이 저절로 떠오르는 신기한 경험을 할 것입니다.

baby라는 쉬운 단어를 통해서 좀더 어려운 단어를 익혀볼까요? '의미 연상법'이라는 단어 암기법을 통해 설명해보겠습니다. 의미 연상법이란 아주 쉬운 단어의 철자를 이용해 어려운 단어를 만들어내는 방법입니다. 예를 들어 fire라는 쉬운 단어의 철자 f, i, r, e를 통해 불과 연관된 flame(불꽃), ignite(점화시키다), ruins(잔해), extinguish(끄다)를 공부하는 것입니다. 그렇다면 baby라는 단어로 익힐 수 있는 아기와 관련된 단어는 뭐가 있을까요? 'baby' 속에 들어 있는 철자 a를 이용하여 adopt(입양하다)와 abort(낙태하다)를 연상할 수 있습니다. baby라는 쉬운 단어로 adopt와 abort를 얻었네요.

대표 문장 구조 연습

이번에는 〈B: baby〉 키워드 문장의 기본 구조를 활용해서 실생활에 쓰이는 다양한 문장들을 만들어보겠습니다. 〈try everything to~: ~을 위해 온갖 노력을 하다.〉입니다.

오랫동안 백수 생활을 하고 있는 아들이 직장을 얻으려고 무진 애를 쓰는 상황을 영어로 표현해볼까요?

My son tried everything to get a job.
내 아들은 취직하려고 온갖 노력을 다했다.

옆의 두 사람이 싸우면 중간에 있는 사람이 가장 곤란한 법입니다. 그렇다면 선생님이 서로 다툰 두 학생을 화해시키려고 애쓰는 상황을 영어로는 어떻게 표현할까요?

The teacher tried everything to persuade the two students to reconcile each other.
그 선생님은 두 학생이 서로 화해하도록 설득하기 위해 온갖 노력을 다했다.

퇴근 시간을 넘긴 회사 직원들이 저녁 7시까지 일을 끝내기 위해 애쓴 상황을 영어로 말해볼까요?

The employees tried everything to finish the work by seven.
그 직원들은 일을 7시까지 끝내려고 온갖 노력을 다했다.

내 아들은 취직하려고 온갖 노력을 다했다.

그 선생님은 두 학생이 서로 화해하도록 설득하기 위해 온갖 노력을 다했다.

그 직원들은 일을 7시까지 끝내려고 온갖 노력을 다했다.

Step 2
내용 학습

자, 이제 〈B: baby〉 키워드 문장에 어떤 중요한 내용이 들어 있나 확인해볼까요? 우선 문장 속에 들어 있는 'make the baby smile'이라는 부분을 살펴봅시다.

이 부분을 말 그대로 풀이하면 '아기를 웃게 만들다'라는 뜻이 됩니다. '대상이 어떤 행동을 하도록 만들다'라고 표현하고 싶을 때는 make 동사를 쓴 뒤에 차례로 대상(목적어)과 그 행동(목적 보어)을 표현하면 됩니다. 그런데 원래 명사나 형용사가 들어가야 할 보어 자리에 smiling도 아니고 to smile도 아닌 smile이라는 동사 원형이 쓰였습니다. 여기서 중요한 make 동사 성격 중 하나는 뒤의 대상이 어떤 행동을 '하도록' 만들 경우, 위에서 말한 것처럼 〈목적어 + 동사 원형〉의 형태로 쓴다는 것입니다. 이런 동사를 '사역동사'라고 합니다.

예를 몇 개 들어보겠습니다.

I will make my brother clean the room.
나는 동생에게 방을 청소하도록 시킬 것이다.

He will make me sign the contract.
그는 나로 하여금 계약서에 서명하도록 만들 것이다.

She used to make her husband wash the dishes after dinner.
그녀는 남편에게 저녁 식사 후에 설거지하도록 시키고는 했다.

위의 문장들에서 make 동사 뒤에는 목적어 다음에 동사 원형 형태인 clean, sign, wash 가 쓰인 걸 알 수 있습니다.

주어 + make + 목적어 + 동사 원형(목적어가 할 행동)

나는 동생에게 방을 청소하도록 시킬 것이다.

그는 나로 하여금 계약서에 서명하도록 만들 것이다.

그녀는 남편에게 저녁 식사 후에 설거지하도록 시키고는 했다.

✚ 플러스 학습

마찬가지로 키워드 문장의 동사와 유사하게 쓰이는 다른 동사를 함께 학습해보겠습니다. make와 같은 성격으로 쓰이는 사역동사로는 have, help, let, get이 있습니다. 똑같이 '대상이 어떤 행동을 하도록 만들다.'의 의미입니다. 그런데 각각의 쓰임이 조금씩 다릅니다. 예문을 통해 살펴볼까요?

I had him repair my car.

나는 그에게 내 차를 수리하게 했다.

⇒ have 동사 다음에 동사 원형 repair가 쓰인 것을 알 수 있습니다.

She helped me achieve my goal.

그녀는 내가 목표를 성취하도록 해주었다.

⇒ help 동사 다음에 동사 원형 achieve가 쓰인 것을 알 수 있습니다. 단, help 동사의 경우에는 동사 원형 대신 to + 동사 원형(to 부정사)을 쓰기도 합니다. 그러므로 achieve 대신에 to achieve를 써도 무방하다는 말입니다.

They let me go home.

그들은 내가 집에 가도록 해주었다.

⇒ let 동사 다음에 동사 원형 go가 쓰인 것을 알 수 있습니다.

My mom got me to wash the dishes.
엄마는 내게 설거지를 하도록 시켰다.

⇒ get 동사 다음에 to wash가 쓰인 것을 알 수 있습니다. get은 다른 사역동사들과 같은 의미와 역할
을 가지지만 이때 보어 자리에는 to + 동사 원형이 와야만 합니다.

이처럼 사역동사 5가지는 조금씩 의미가 다릅니다.

make는 (강제로) ~을 하게 만들다.

have는 (명령, 부탁으로) ~을 하게 하다.

let은 (허락으로) ~을 하게 하다, ~하도록 허락하다.

help는 ~을 하도록 도와주다.

get은 ~을 시키다.

라는 의미입니다. 미묘한 차이를 아시겠나요?

사역동사 1

주어 + have, let + 목적어 + 동사 원형

주어 + get + 목적어 + to 동사 원형

주어 + help + 목적어 + (to) 동사 원형

나는 그에게 내 차를 수리하게 했다.

....

그녀는 내가 목표를 성취하도록 해주었다.

....

그들은 내가 집에 가도록 해주었다.

....

엄마는 내게 설거지를 하도록 시켰다.

....

Step 3
마무리 문장 10개

자, 이제 〈B: baby〉 키워드 문장으로 만들어낼 수 있는 문장을 정리해보겠습니다.

The assassin tried everything to kill the traitor.
그 자객은 배신자를 죽이려고 온갖 노력을 다했다.

The criminal tried everything to destroy all the evidence.
그 범죄자는 모든 증거를 없애려고 온갖 노력을 다했다.

The engineer tried everything to explain the new technology.
그 엔지니어는 새로운 기술을 설명하려고 온갖 노력을 다했다.

The interpreter tried everything to translate the article into French.
그 통역관은 그 기사를 불어로 번역하려고 온갖 노력을 다했다.

The lawyer tried everything to win the lawsuit.
그 변호사는 소송에서 이기려고 온갖 노력을 다했다.

The nurse tried everything to take care of the old man.
그 간호사는 노인을 돌보려고 온갖 노력을 다했다.

The prisoner tried everything to escape from the jail.
그 죄수는 감옥에서 탈출하려고 온갖 노력을 다했다.

The refugees tried everything to get food and shelter.
그 난민들은 음식과 쉴 곳을 얻으려고 온갖 노력을 다했다.

The tutor tried everything to make the student understand the grammatical points.
그 선생님은 학생이 문법적 요점을 이해하게 만들려고 온갖 노력을 다했다.

The woman lawmaker tried everything to pass the bill.
그 여성 국회의원은 법안을 통과시키려고 온갖 노력을 다했다.

Check it out!
B » baby

step 1

"그 사진사는 아기를 웃게 하려고 온갖 노력을 다했어!"

내 아들은 취직하려고 온갖 노력을 다했다.

그 선생님은 두 학생이 서로 화해하도록 설득하기 위해 온갖 노력을 다했다.

그 직원들은 일을 7시까지 끝내려고 온갖 노력을 다했다.

Step 2

사역동사 1

주어 + make, have, let + 목적어 + 동사 원형

주어 + get + 목적어 + to 동사 원형

주어 + help + 목적어 + (to) 동사 원형

Step 3

10 sentences!

Car

Q. '자동차'라는 단어를 보면 뭐가 떠오르나요?

He had trouble getting the car started
in the cold weather.

그는 추운 날씨에 자동차 시동을 거느라고 애를 먹었다.

Car

He had trouble getting the **car** started in the cold weather.

'자동차' 하면 뭐가 떠오르나요? 무개차(convertible)를 타고 해안 도로를 신나게 달리는 영화의 한 장면이 떠오를 수도 있고 퇴근길 교통 체증으로 꽉 막힌 도로가 생각날지도 모릅니다. 차가 진흙에 빠져 옴짝달싹 못 했던 경험(The car got stuck in the mud)이 있을지도 모르고 차를 타는 것보다 걷기를 더 좋아하는 사람(He prefers walking to traveling by car)이 떠오를지도 모르죠. 하지만 '자동차'와 관련된 여러 상황 중에 몹시 추운 겨울날 자동차 시동이 걸리지 않아 애를 먹었던 경험을 대부분 갖고 계실 텐데요. 그 상황을 영어로 표현하면 다음과 같습니다.

He had trouble getting the car started in the cold weather.
그는 추운 날씨에 자동차 시동을 거느라고 애를 먹었다.

실제로 차를 볼 때마다 고생했던 경험을 떠올리며 이 문장을 되새기면, 시간이 지나도 잊어버리지 않을 것입니다.

car라는 쉬운 단어를 가지고 좀더 난이도가 있는 단어를 공부해볼까요? 이번에는 단어 뒤에 새로운 철자를 붙여 단어를 외우는 방법입니다. car 뒤에 go를 붙이면 cargo, 즉 '화물'이라는 뜻을 가진 단어가 만들어집니다. '자동차에 화물을 싣고 가다'라고 생각하면 됩니다. '대학살'이라는 뜻의 carnage도 있습니다. 매년 교통사고로 전쟁보다 더 많은 사람들이 죽으니 '대학살'이라는 단어가 무리는 아닐 겁니다. 마지막으로 carve라는 단어가 있습니다. '새기다'라는 뜻의 영단어인데 자동차 뒤에 승리를 나타내는 V자를 새긴다고 연상하면 쉽게 기억할 수 있을 겁니다. car라는 쉬운 단어를 통해 cargo, carnage, carve라는 어려운 단어를 쉽게 외울 수 있습니다.

대표 문장 구조 연습

이번에는 〈C: car〉 키워드 문장의 기본 구조를 활용해서 실생활에 쓰이는 다양한 문장들을 만들어보겠습니다. 〈have trouble -ing: -하느라 애를 먹다.〉입니다.

새로 이사 간 친구의 집을 찾느라 애를 먹었던 상황을 떠올려보세요.

I had trouble finding his house.
나는 그의 집을 찾느라 애를 먹었다.

고집 센 딸을 설득하느라 고생했던 엄마의 이야기도 들어볼까요?

I had trouble persuading my stubborn daughter.
나는 고집 센 내 딸을 설득하느라 애를 먹었어.

공장에서 고장 난 기계를 수리하느라 애를 먹는 기계 수리공 이야기는 어떻게 할까요?

The mechanic had trouble fixing the machine.
그 기계 수리공은 기계를 수리하느라 애를 먹었다.

잠깐 복습!

나는 그의 집을 찾느라 애를 먹었다.

나는 고집 센 내 딸을 설득하느라 애를 먹었어.

그 기계 수리공은 기계를 수리하느라 애를 먹었다.

Step 2
내용 학습

자, 이제 〈C: car〉 키워드 문장에 어떤 중요한 내용이 들어 있나 살펴볼까요? 'have trouble -ing'라는 표현은 '-하느라 애를 먹다.'라는 관용 표현입니다. '무언가를 하느라 힘들다.'라는 의미이므로 'have difficulty -ing'로 표현하기도 하고 'have a hard time -ing'로 표현하기도 하죠. 그럼 예문을 볼까요?

They had difficulty crossing the border.
그들은 국경을 넘느라 어려움을 겪었다.

She had a hard time solving the math questions.
그녀는 수학 문제를 푸느라 애를 먹었다.

그런데 표현을 보시면 위에서 보는 바와 같이 have trouble, have difficulty, have a hard time 다음에는 동명사 형태인 -ing가 와야 하는 걸 알 수 있습니다. 앞에 전치사 in이 생략되어 있기 때문입니다. 전치사 뒤에는 항상 명사나 동명사가 오기 때문에 -ing를 써야만 하는 것입니다. 말하거나 글 쓸 때 꼭 잊지 마시기 바랍니다.

~하는 데 어려움을 겪다	have trouble + -ing
	have difficulty + -ing
	have a hard time + -ing

그들은 국경을 넘느라 어려움을 겪었다.

그녀는 수학 문제를 푸느라 애를 먹었다.

Step 3
마무리 문장 10개

자, 이제 〈C: car〉 키워드 문장으로 만들어낼 수 있는 문장을 정리해보겠습니다.

The child has trouble concentrating in class.

그 아이는 수업에 집중하는 데 어려움을 겪고 있다.

I have difficulty expressing my emotions.

나는 내 감정을 표현하는 데 어려움을 겪고 있다.

She has trouble getting pregnant.

그녀는 임신에 어려움을 겪고 있다.

The police have trouble identifying the body.

경찰은 시신의 신원을 확인하는 데 어려움을 겪고 있다.

He has trouble overcoming adversity.

그는 시련을 극복하느라 어려움을 겪고 있다.

The management had trouble persuading the labor union.

경영진은 노조를 설득하는 데 어려움을 겪었다.

He had trouble comforting his wife who had a miscarriage.

그는 유산한 아내를 위로하는 데 어려움을 겪었다.

The patient has a hard time walking without crutches.

그 환자는 목발 없이 걷는 데 어려움을 겪고 있다.

I had trouble letting my son understand everything he does counts.

나는 아들에게 그가 하는 일은 모두 중요하다는 것을 이해시키는 데 어려움을 겪었다.

The two sides had difficulties reaching an agreement.

양측은 합의에 이르는 데 어려움을 겪었다.

Check it out!

C » car

step 1

"그는 추운 날씨에 자동차 시동을 거느라고 애를 먹었어!"

나는 그의 집을 찾느라 애를 먹었다.

나는 고집 센 내 딸을 설득하느라 애를 먹었어.

그 기계 수리공은 기계를 수리하느라 애를 먹었다.

Step 2

~하는 데 어려움을 겪다.

have trouble + -ing

have difficulty + -ing

have a hard time + -ing

Step 3

10 sentences!

Dog

Q. '개'라는 단어를 보면 뭐가 떠오르나요?

Dogs can become aggressive if provoked.

개들은 자극을 받으면 공격적이 될 수 있다.

Step 1
키워드와 대표 문장

Dog
Dogs can become aggressive if provoked.

'개' 하면 뭐가 떠오르나요? 애완견, 반려견처럼 사람들에게 도움을 주거나 기쁨을 주는 모습이 떠오르기도 하고, 만약 수사에 동원되는 경찰견이 떠오르기도 합니다. 개가 기분이 좋아 꼬리를 흔드는 모습이 떠오르기도 할 겁니다(A dog wags its tail when pleased). 한편 개를 성가시게 해서 개가 으르렁거리며 달려드는 상황 역시 흔한 모습인데요. 그 상황을 영어로 표현하면 다음과 같습니다.

Dogs can become aggressive if provoked.
개들은 자극을 받으면 공격적이 될 수 있다.

유순한 개보다는 이렇게 공격적인 개를 떠올리는 것이 더 인상적이어서 머릿속에 잘 남습니다. 그렇게 해서 aggressive(공격적인), provoke(성가시게 하다)라는 중요한 단어도 같이 기억할 수 있습니다.

dog라는 쉬운 단어를 통해 좀더 어려운 단어를 공부해볼까요? 단어 공부 방법으로 쉬운 단어의 첫 글자만 바꿔서 다른 단어를 공부하는 방법이 있습니다. 예를 들어 '갈색'이라는 뜻의 단어 brown의 첫 철자인 b를 c, d, f로 바꾸면 brown에서 crown(왕관), drown(익사하다), frown(찡그리다)이라는 단어들을 얻을 수 있습니다. dog라는 단어도 첫 철자 d를 b, f, h, l로 바꾸면 dog에서 bog(습지), fog(안개), hog(수퇘지), log(통나무)라는 단어들을 얻을 수 있네요. 단어 공부 참 쉽죠?

대표 문장 구조 연습

이번에는 〈D: dog〉 키워드 문장의 기본 구조를 활용해서 실생활에 쓰이는 다양한 문장들을 만들어보겠습니다. 〈if + -ed: 만약 -하면〉입니다.

생각지도 못한 모욕을 받아서 얼굴이 빨개진 경험을 해본 적이 있을 겁니다. 그런 상황은 다음과 같이 표현합니다.

We can blush with shame if insulted.
우리는 모욕을 당하면 수치심에 얼굴이 빨개질 수 있다.

직장에서 원하는 승진을 하면 미루었던 청혼을 하고 결혼할 수 있다고 상상해보세요.

He can marry his girlfriend if promoted.
승진하면 그는 여자친구와 결혼할 수 있다.

중죄를 지어 도피 행각을 벌이다가 체포되어 무기징역을 선고받을 수도 있는 범죄자를 떠올려보세요.

The fugitive can be sentenced to life imprisonment if arrested this time.
그 도망자는 이번에 체포되면 무기징역을 선고받을 수도 있다.

우리는 모욕을 당하면 수치심에 얼굴이 빨개질 수 있다.

승진하면 그는 여자친구와 결혼할 수 있다.

그 도망자는 이번에 체포되면 무기징역을 선고받을 수도 있다.

Step 2
내용 학습

자, 이제 〈D: dog〉 키워드 문장 안에 어떤 중요한 내용이 들어 있나 확인해볼까요? 우리가 조건과 상황을 덧붙이고 싶을 때는 연결어 if(만약 ~라면) 다음에 원칙적으로 주어, 동사를 써야 합니다. 그런데 이때 if 문장의 주어가 그 문장이 포함된 전체 문장의 주어와 같고 be동사를 사용한다면, if 문장의 주어와 be동사는 함께 생략되는 경우가 많습니다. 예를 들어보겠습니다.

He will become indignant if laughed at.
비웃음을 받으면 그는 크게 화를 낼 것이다.

이 문장에서 if절의 원래 문장은 'if he is laughed at'입니다. 그런데 if절의 주어와 주절의 주어(he)가 같고 be동사를 사용하고 있기 때문에 함께 생략된 것입니다. 한 문장 더 살펴보겠습니다.

The prisoner will live a true life if released.
석방되면 그 죄수는 진정한 삶을 살 것이다.

이 문장 역시 주어와 be동사가 생략되기 전의 문장은 'The prisoner will live a true life if he is released'였습니다. if 다음의 he가 주절의 주어와 같은 사람이고 be동사를 사용하기 때문에 'he is'가 생략되는 것입니다.

if (+ 주어 be동사) + 과거분사(-ed): 만약 ~라면

비웃음을 받으면 그는 크게 화를 낼 것이다.

....

석방되면 그 죄수는 진정한 삶을 살 것이다.

....

34

위에서 설명한 if처럼 주어와 be동사가 생략되는 부사절 접속사를 종류별로 함께 알아 보겠습니다.

먼저 시간을 나타내는 접속사 while(~하는 동안), when(~할 때), until(~할 때까지), whenever(언제든지 간에~) 등이 있습니다. when의 예문을 한번 볼까요?

He was embarrassed when asked.
질문을 받았을 때 그는 당황했다.

이 문장에서 when 다음에는 주어와 동사 he was를 써야 하는데 포함된 문장의 주어 (He)와 같아서 be동사와 함께 생략되었습니다.

They had nowhere to go when banished from the village.
마을에서 추방당했을 때 그들은 갈 곳이 없었다.

역시 when they were banished from the village에서 주어와 be동사가 생략됐네요.

조건을 나타내는 접속사는 우리가 배운 if(만약 ~라면)와 unless(~하지 않으면)가 있습니다. unless를 사용한 예문을 한번 볼까요?

He will become worse unless punished by the teacher.
선생님에게 벌을 받지 않으면 그는 더 나빠질 것이다.

unless라는 접속사 뒤에 he is가 들어가야 하지만 생략되었습니다.

The bill will be abandoned unless accepted.
그 법안은 받아들여지지 않으면 폐기될 것이다.

여기서는 it is가 생략된 것, 이제 보이시나요? it은 앞의 the bill을 가리키기에 주어가 같다고 할 수 있겠죠. 참고로 마지막 문장처럼 시간이나 조건을 나타내는 접속사 문장에서는 미래 시제(will be accepted) 대신 현재 시제(is accepted)를 사용합니다.

잠깐
복습
!

when (+ 주어 be동사) + 과거분사(-ed): ~일 때

unless (+ 주어 be동사) + 과거분사(-ed): ~이지 않으면

질문을 받았을 때 그는 당황했다.

마을에서 추방당했을 때 그들은 갈 곳이 없었다.

선생님에게 벌을 받지 않으면 그는 더 나빠질 것이다.

그 법안은 받아들여지지 않으면 폐기될 것이다.

Step 3
마무리 문장 10개

자, 이제 〈D: dog〉 키워드 문장으로 만들어낼 수 있는 문장들을 정리해보겠습니다.

The application will be returned unless filled out properly.

적절히 기입되지 않으면 신청서는 반송될 것입니다.

The child will be sent to an orphanage unless adopted.

입양되지 않으면 그 아이는 고아원으로 보내질 것이다.

College freshmen told their personal goals when asked.

질문을 받았을 때 대학 신입생들이 자신들의 개인적 목표를 말했다.

The driver was sent to the nearest hospital when injured.

부상을 당해서 그 운전자는 가까운 병원으로 옮겨졌다.

The book received a lot of praise when translated into several languages.

그 책이 여러 언어로 번역되었을 때 많은 찬사를 받았다.

The game became tougher when played in capricious weather conditions.

변덕스러운 날씨 조건에서 경기가 치러져서 경기가 더 거칠어졌다.

The mayor will be put into the jail if accused by the prosecution.

검찰에 기소당하면 시장은 감옥에 가게 될 것이다.

The student was sent to the school infirmary when he skinned his legs and arms.

다리와 팔이 까졌을 때 그 학생은 양호실로 옮겨졌다.

He will become very proud when complimented by the principal.

교장 선생님에게 칭찬을 받으면 그는 아주 자랑스러워할 것이다.

The employee was extremely delighted when complimented by the boss.

상사에게 칭찬을 받았을 때 그 직원은 매우 기뻤다.

Check it out!

D » dog

step 1

"개들은 자극을 받으면 공격적이 될 수 있어."

....

우리는 모욕을 당하면 수치심에 얼굴이 빨개질 수 있다.

....

승진하면 그는 여자친구와 결혼할 수 있다.

....

그 도망자는 이번에 체포되면 무기징역을 선고받을 수도 있다.

....

Step 2

주어와 be동사 생략하기

if, when, unless (주어 + be동사) + 과거분사 (-ed)

Step 3

10 sentences!

Elevator

Q. '엘리베이터'는 어떤 공간인가요?

An elevator is a small room that carries people or goods up and down in tall buildings.

엘리베이터는 높은 건물에서 사람들이나 물건을 위아래로 나르는 작은 공간이다.

Elevator

An **elevator** is a small room that carries people
or goods up and down in tall buildings.

지금까지의 키워드 문장은 누구나 한 번씩 체험해보았을 경험을 다루었습니다. 여기에 더해 우리가 알고 있는 '객관적 사실'도 키워드 문장으로 적절합니다. 예를 들어 '태양은 동쪽에서 떠서 서쪽으로 진다(The sun rises in the east and sets in the west)', '지구는 태양 주위를 돈다(The earth moves around the sun).'라는 말들은 우리가 이미 잘 알고 있는 객관적 사실 내용입니다. 엘리베이터는 우리가 일상에서 자주 접하고 엘리베이터가 하는 일 또한 잘 알고 있습니다. 높은 건물에서 사람들이나 물건을 위아래로 나르는 일을 하지요. 이 내용을 영어로 표현하면 다음과 같습니다.

An elevator is a small room that carries people
or goods up and down in tall buildings.

엘리베이터는 높은 건물에서 사람들이나 물건을 위아래로 나르는 작은 공간이다.

elevator라는 단어로 또 다른 단어를 공부해볼까요? elevator는 '들어 올리다'라는 뜻의 동사 elevate에서 나온 말입니다. '들어 올리다' '고양시키다'라는 뜻을 가진 또 다른 단어 elate도 elevate처럼 e로 시작합니다. 한편 elate는 relate(관계를 맺다) 안에 들어 있습니다. 사람과 사람의 관계 맺기는 상대를 드높이려고 하는 것이라고 생각하면 쉽게 elate가 기억날 겁니다. 마지막으로 '고양시키다'라는 뜻을 가진 또 다른 단어 역시 e로 시작하는 enhance입니다. elevator라는 쉬운 단어로 어려운 elate와 enhance라는 단어를 얻었네요.

대표 문장 구조 연습

다시 〈E: elevator〉 키워드 문장으로 돌아가 볼까요?

An elevator is a small room that carries people or goods up and down in tall buildings.

영어는 어순상 대상이 되는 목적어보다 동사가 먼저 나옵니다. 즉 우리말로는 '나는 저녁을 먹었다.'이지만 영어로는 '나는 먹었다, 저녁을(I ate dinner).'이라고 표현합니다.

그런데 영어는 명사도 먼저 나옵니다. 수식하는 말보다 수식을 받는 명사가 더 앞에 나오는 것이죠. 우리말로 '이것은 내가 좋아하는 음식이다.'라는 표현을 영어로는, '이것은 음식, 내가 좋아하는(This is the food I like)'이 된다는 말입니다.

예를 더 들어보겠습니다. '내 친구가 일하는 사무실'은 '사무실, 내 친구가 일하는(the office where my friend works)'입니다. '그가 사기꾼이라는 사실'은 '사실, 그가 사기꾼이라는(the fact that he is a fraud)'이 됩니다. '사실'이 먼저 나오는 것이죠.

〈E: elevator〉 키워드 문장도 우리말로 '사람이나 물건을 위아래로 나르는 방'이라고 해서 '방'이 뒤에 위치하지만, 영어는 '방, 사람이나 물건을 위아래로 나르는(room that carries people or goods up and down)'으로 표현해서 'room'이 먼저 나온 것을 알 수 있습니다. 영어가 어렵게 느껴지는 것은 이와 같이 우리말과 어순이 반대이기 때문입니다. 키워드 문장을 머릿속에 넣어두고 다양하게 응용하다 보면 어려운 어순 문제를 쉽게 풀 수 있을 겁니다.

자, 그럼 이제 〈E: elevator〉 키워드 문장의 구조를 활용해서 실생활에 쓰이는 다양한 문장들을 만들어보겠습니다.

친구가 추천해준 책을 읽었다면 다음과 같이 말할 수 있겠지요.

I read the book that was recommended by my friend.
나는 친구가 추천해준 책을 읽었다.

⇒ 어순상 수식받는 book이 먼저 나온 것을 알 수 있습니다.

평소에 눈여겨보았던 양복을 샀다면 다음과 같이 말할 수 있습니다.

He bought the suit that was displayed at the store.
그는 그 가게에 진열되어 있던 양복을 샀다.

⇒ 어순상 수식받는 suit가 먼저 나온 것을 알 수 있습니다.

홍수가 휩쓸고 가서 다 부서진 집을 보고 있다면 이렇게 말할 수 있습니다.

I'm looking at the house that was destroyed by the flood.
나는 홍수로 망가진 그 집을 보고 있는 중이다.

⇒ 어순상 수식받는 house가 먼저 나온 것을 알 수 있습니다.

잠깐
복습
!

영어의 어순
주어 + 동사 + 목적어
명사 + that + 주어 + 동사

나는 친구가 추천해준 책을 읽었다.

....

그는 그 가게에 진열되어 있던 양복을 샀다.

....

나는 홍수로 망가진 그 집을 보고 있는 중이다.

....

Step 2
내용 학습

이제 〈E: elevator〉 키워드 문장 안의 중요한 내용을 확인해볼까요? 앞의 설명처럼 수식받는 명사가 먼저 나오는 어순이 되려면 사람이나 사물을 먼저 쓰고 뒤에 접속사를 사용해 수식하는 내용을 연결하는 것이 중요한 규칙입니다. 이때 설명하는 문장을 연결시키면서 뒷문장의 주어 역할까지 하는 것을 '주격 관계대명사who, which, that'라고 합니다. 예를 들어보겠습니다.

This is the man who kidnapped the child.
이 사람이 그 아이를 유괴한 남자다.

⇒ man을 수식하기 위해 who를 쓰고 동사 kidnap을 쓴 것을 알 수 있습니다. who는 which와 달리 수식받는 대상이 사람일 때 사용하는 주격 관계대명사입니다.

I put away the knife which looked dangerous.
나는 위험해 보이는 그 칼을 치웠다.

⇒ 수식받는 knife가 사물이어서 which를 쓰고 동사 look을 써서 수식하는 문장을 연결했습니다.

I like the painting that always gives me inspiration.
내게 언제나 영감을 주는 그 그림을 나는 좋아한다.

⇒ 수식받는 painting이 사물이어서 사람과 사물 둘 다에 쓸 수 있는 that을 사용했습니다.

사람(물건) + who(which, that) 동사: ~한 사람(물건)

이 사람이 그 아이를 유괴한 남자다.

나는 위험해 보이는 그 칼을 치웠다.

내게 언제나 영감을 주는 그 그림을 나는 좋아한다.

지금까지 5개의 키워드 문장을 통해서 각 문장 속에 들어 있는 문법(remind A of B, 사역동사, have trouble -ing, if + 과거분사, 관계대명사)을 익혔습니다. 기존의 문법 공부처럼 단순히 학습만 한 것이 아니라, 우리의 경험이나 객관적 사실로 쉽게 떠올릴 수 있는 문장을 가지고 다양하게 응용하여 말하고 쓰는 훈련을 한 것입니다.

이렇게 문장을 통해 문법을 익혔으면 이 문법들을 서로 연결하여 좀더 길고 정교한 문장을 새롭게 만들어낼 수 있습니다. 저는 이것을 '구조 결합'이라고 이름 붙였습니다. 예를 들어보겠습니다. 다음 두 문장을 볼까요?

There is a book on the table. 탁자 위에 책이 있다.

I used to take a walk after dinner. 나는 저녁 먹고 산책을 가고는 했다.

첫 번째 문장에는 '유도부사 there(~가 있다.)'라는 문법이 쓰였고, 두 번째 문장에는 '조동사 used to(과거에는 ~했는데 지금은 안 한다.)'가 쓰였습니다.

두 가지 문법을 연결해보겠습니다.

추석 명절이 되어 오랜만에 고향을 찾아가 보니 역 앞에 있었던 우체국이 없어졌네요. '예전에 역 앞에 우체국이 있었다.'라는 문장을 영어로 말해야 한다고 생각해보세요. 위의 두 문장은 별로 어렵지 않았지만 지금 말하려는 문장은 그리 쉽지 않습니다. 그래서 '구조 결합'이라는 새로운 방법이 필요한 것입니다. 일단 위 문장을 영어로 표현하면 다음과 같습니다.

There used to be a post office in front of the station.
역 앞에 우체국이 있었다.

처음부터 이렇게 표현하기는 쉽지 않습니다. 그러나 이 문장은 유도부사와 조동사라는 간단한 문법이 합쳐져서 만들어졌다는 것을 알 수 있을 겁니다. 길고 복잡한 문장들을 만나더라도, 구조 결합을 기억한다면 우리가 아는 짧고 간단한 문법 문장을 가지고 충분히 해결할 수 있습니다.

이렇게 새롭게 얻은 구조 결합으로 다음과 같이 다양하게 표현할 수 있습니다.

There used to be a fur coat in the wardrobe.
옷장에 모피 코트가 있었다.

There used bo be a fountain pen in the drawer.
서랍에 만년필이 있었다.

There used bo be a haunted house in the village.
마을에 흉가가 있었다.

실제로 영화 〈스튜어트 리틀 2Stuart Little 2〉에서 'There used to be a bandage in here.
(이 안에 반창고가 있었는데.)'라는 대사가 있었습니다. 글이나 영화에는 물론 우리 일상
생활에서도 많이 쓰입니다.

하나 더 예를 들어보겠습니다.

What a beautiful mountain it is! 이 얼마나 아름다운 산인가!

It is impossible to please everyone. 모든 사람에게 맞춰주는 것은 불가능하다.

첫 번째 문장은 '감탄문(What a(an) 형용사 + 명사 + 주어 + 동사의 어순)'이라는 문법
이, 두 번째 문장은 '가주어it—진주어to'라는 문법이 사용된 것을 알 수 있습니다. 감탄
문을 만들고 싶을 때는 규칙에 맞는 어순을 지켜줘야 하고, 문장에서 주어가 길어질 때
는 가주어 it을 사용해야만 합니다.

그럼 이제 사랑하는 여자와 세계 일주를 함께 간다고 생각해보세요. '그녀와 세계 일주
여행을 한다는 것은 얼마나 신나는 경험인가!'라고 말할 수 있을 겁니다. 하지만 짧은
문장으로 아무리 문법을 많이 익혀도 다음과 같은 문장을 말하고 쓰는 것은 쉽지 않습
니다. 이 문장을 영어로 표현하면 다음과 같습니다.

What an exciting experience it is to travel around the world with
her!
그녀와 세계 일주 여행을 한다는 것은 얼마나 신나는 경험인가!

이렇게 새롭게 얻은 구조 결합으로 새로운 문장을 상황에 맞춰 자신 있게 말하고 쓸 수 있습니다.

'그와 일한다는 것은 이 얼마나 지루한 일인가!'를 영어로 말해볼까요?

What a tedious thing it is to work with him!

'그가 대통령을 암살했다니 이 얼마나 놀라운 상황인가!'를 영어로 말해볼까요?

What a surprising situation it is for him to assassinate the president!

'그녀가 정상에 올랐다니 이 얼마나 믿을 수 없는 놀라운 성취인가!'를 영어로 말해볼까요?

What an incredible achievement it is for her to climb the peak!

이와 같이 문법과 문법을 서로 결합하여 표현하는 것을 '구조 결합'이라고 합니다. (학술 용어는 아니고 제가 만들어낸 용어입니다.)

실제로 조니 뎁이 주연한 유명한 영화 〈찰리와 초콜릿 공장Charlie and Chocolate Factory〉에 'What a thrill it will be for him to visit Mr. Wonka's marvelous factory!(그가 웡카 씨의 멋진 공장을 방문한다는 것은 이 얼마나 전율을 느낄 만한 일인가!)'라는 대사가 나온 바 있습니다.

이와 같이 키워드 문장으로 익힌 문법으로 평소에 다양한 구조 결합 문장을 만들어낼 수 있습니다. 위에서 보는 바와 같이 구조 결합은 오랜 시간이 걸려야 가능한 길고 복잡한 문장을 손쉽게 만들 수 있는 장점이 있어 '특허받은 영어 학습법의 꽃'이라고 할 수 있습니다.

이제 우리가 그동안 학습한 문법으로 구조 결합을 만들어보겠습니다.

⟨E: elevator⟩ 키워드 문장에서 익힌 관계대명사와 많이 연결되는 문법 중 하나는 ⟨B: baby⟩ 키워드 문장에서 공부한 사역동사입니다.

예를 들어 "이것이 나를 뚱뚱하게 보이도록 만드는 모피입니다."라는 대사가 있다고 합시다. '이것이 모피입니다'와 '나를 뚱뚱하게 보이도록 만드는'의 두 가지 부분으로 구성되어 있네요. 영어로는 어떻게 하면 될까요? 우리가 배운 두 가지 문법을 사용해서 다음과 같이 말하면 됩니다.

이것이 모피입니다 ⇨ This is the fur
나를 뚱뚱하게 보이도록 만드는 ⇨ makes me look fat

이제 두 문장을 관계대명사를 이용해서 완성하면 됩니다.

This is the fur that makes me look fat.
"이것이 나를 뚱뚱하게 보이도록 만드는 모피야." —영화 ⟨Ice Age 2⟩

실제로 한번 문장을 만들어보시기 바랍니다.

이것이 그를 행복한 느낌이 들도록 만들어주는 음악입니다.

⇨ This is the music that makes him feel happy.

이것이 그녀를 날씬하게 보이도록 만들어주는 치마입니다.

⇨ This is the skirt that makes her look thin.

위의 세 예문에서 보는 것처럼 주격 관계대명사 that 다음에 사역동사 make가 사용되었고, 그 뒤에 모두 동사 원형이 쓰인 것을 알 수 있습니다.

Step 3
마무리 문장 10개

자, 이제 〈E: elevator〉 키워드 문장으로 만들어낼 수 있는 표현들을 정리해보겠습니다. 이번 마무리 문장은 뒤에 수식하는 내용이 붙었기 때문에 자연스레 문장의 길이가 길어졌습니다. 학습한 내용과 뜻을 생각하며 확실히 본인 것으로 만드시기 바랍니다.

An atheist is a person who denies the existence of God.
무신론자는 신의 존재를 부인하는 사람이다.

I respect the minister who has devoted his entire life to helping the poor.
나는 가난한 사람들을 돕느라 일생을 바친 그 목사님을 존경한다.

I miss my mother who died giving birth to me.
나는 나를 낳다가 돌아가신 엄마가 그립다.

I like the restaurant which looks very clean.
나는 아주 깨끗해 보이는 그 식당이 좋다.

I love the music that makes me happy.
나는 나를 행복하게 해주는 그 음악을 사랑한다.

People like the politician who does what he thinks is right despite tremendous political pressure.
사람들은 엄청난 정치적 압력에도 불구하고 자신이 옳다고 생각하는 일을 하는 정치인을 좋아한다.

I like to advise the people who sacrifice the present moment for the sake of the future.
나는 미래를 위해 현재의 순간을 희생하는 사람들에게 충고하고 싶다.

I vividly remember the girl who would sit by the door, with knees drawn to the chest.
나는 무릎을 가슴까지 끌어당긴 채로 문가에 앉아 있곤 했던 그 소녀를 지금도 생생히 기억하고 있다.

I like the man who speaks in a soft and quiet voice.
나는 부드럽고 조용한 목소리로 말하는 남자를 좋아한다.

**He envies the businessman who can earn in a year what could take
average people up to a decade to earn.**

그는 보통 사람이 10년 정도 걸려서 벌 수 있는 것을 1년 안에 벌 수 있는 그 사업가를 부러워한다.

Check it out!

E » elevator

step 1

"엘리베이터는 높은 건물에서 사람들이나 물건을 위아래로 나르는 작은 공간이야."

나는 친구가 추천해준 책을 읽었다.

그는 그 가게에 진열되어 있던 양복을 샀다.

나는 홍수로 망가진 그 집을 보고 있는 중이다.

Step 2

수식받는 목적어 어순

명사 + that, who, which + 동사

Step 3

10 sentences!

관계대명사 + 사역동사: "이것이 나를 뚱뚱하게 보이도록 만드는 모피입니다."

···▸ This is the fur that makes me look fat.

Floor

Q. '바닥'이라는 단어를 보면 뭐가 떠오르나요?

It is disgusting to see people spit on the floor.

사람들이 바닥에 침 뱉는 걸 보는 것은 역겹다.

Floor

It is disgusting to see people spit on the **floor**.

'바닥' 하면 뭐가 떠오르나요? 새로 문을 연 건물의 깨끗한 바닥이나 항상 청결을 유지해야 하는 병원의 바닥이 생각날 수 있을 겁니다. 그러려면 바닥이 빛날 때까지 닦아야겠죠 (Scrub the floor till it shines). 그러나 누구나 한번쯤은 바닥에 침을 탁탁 뱉는 것을 보고 눈살을 찌푸려본 경험을 했을 겁니다. 그 상황을 영어로 표현하면 다음과 같습니다.

It is disgusting to see people spit on the floor.

사람들이 바닥에 침을 뱉는 걸 보는 것은 역겹다.

깨끗한 바닥의 이미지보다 이렇게 청결하지 않은 바닥의 이미지를 활용한 영어 문장이 아마 머릿속에 더 오래 남을 겁니다.

floor라는 단어를 이용해서 또 다른 단어를 익혀볼까요? 이번에는 쉬운 단어와 연결되는 표현을 통해 단어를 공부하는 방법을 알려드리겠습니다. 예를 들어 book이라는 쉬운 단어와 '출판하다'라는 뜻을 가진 publish는 서로 관계가 있습니다. 이 두 단어를 이용하여 'publish the book'이라는 표현을 얻을 수 있습니다. 마찬가지로 floor를 이용한 표현을 통해 연관된 단어를 배워보겠습니다. 'mop the floor'는 '바닥을 물걸레질하다'라는 뜻입니다. 'sweep the floor'는 '바닥을 쓸다'라는 뜻입니다. 'scrub the floor'는 '바닥을 문지르다'라는 뜻입니다. 이렇게 floor라는 단어를 통해서 mop, sweep, scrub이라는 단어를 익힐 수 있습니다.

대표 문장 구조 연습

이번에는 〈F: floor〉 키워드 문장의 기본 구조를 활용해서 실생활에 쓰이는 다양한 문장들을 만들어보겠습니다. 〈It is disgusting to~: ~하는 것은 역겹다.〉입니다.

직장 동료가 상사에게 지나치게 아첨하는 것을 보니 역겹다는 것을 표현해볼까요?

It was disgusting to see my colleague flatter to the boss.
동료가 사장에게 아첨하는 것을 보니 역겨웠다.

친구가 토하는 것을 보고 역겨웠던 상황을 표현해볼까요?

It was disgusting to see my friend throw up.
친구가 토하는 것을 보니 역겨웠다.

버스 옆자리에 앉은 승객이 침을 흘리며 자는 것을 보고 역겨웠던 상황을 표현해볼까요?

It was disgusting to see the passenger next to me drool in his sleep.
옆자리에 앉은 승객이 침을 흘리며 자는 것을 보고 역겨웠다.

동료가 사장에게 아첨하는 것을 보니 역겨웠다.

친구가 토하는 것을 보니 역겨웠다.

옆자리에 앉은 승객이 침을 흘리며 자는 것을 보고 역겨웠다.

Step 2
내용 학습

이제 〈F: floor〉 키워드 문장 안에 있는 중요 내용을 살펴볼까요? 앞서 구조 결합 설명에서 잠깐 나온 내용이지만 'It is disgusting to see people spit on the floor.' 문장에서 it은 아무런 뜻이 없습니다. 'to see people spit on the floor' 부분이 진짜 주어인데 너무 길어서 일단 뜻이 없는 'it'을 쓴 것입니다. 여기 it을 '가주어'라고 하고 to see 이하를 '진주어'라고 합니다. 이렇게 it과 to 부정사 사이에 형용사를 써서 다양한 표현을 만들어낼 수 있습니다. 예문을 보겠습니다.

It is bad to smoke three packs of cigarettes.
하루에 세 갑의 담배를 피우는 것은 나쁘다.

⇒ to smoke three packs of cigarettes이 주어로 오기에는 너무 길죠. 그래서 가주어 it을 쓰고 진주어는 맨 뒤로 빠졌습니다.

It is dangerous to climb the tall tree.
높은 나무에 올라가는 것은 위험하다.

⇒ It과 to 사이에는 형용사 dangerous가 쓰였는데 이건 진주어에 대한 설명입니다.

It is hard to master several foreign languages.
여러 개의 외국어를 통달한다는 것은 어렵다.

⇒ It와 to 사이에 형용사 hard가 쓰인 것을 알 수 있습니다.

> It is ~ + to 동사 원형: −하는 것은 ~하다.

하루에 세 갑의 담배를 피우는 것은 나쁘다.
....

높은 나무에 올라가는 것은 위험하다.
....

여러 개의 외국어를 통달한다는 것은 어렵다.
....

Step 3
마무리 문장 10개

자, 이제 〈F: floor〉 키워드 문장으로 만들어낼 수 있는 표현들을 정리해보겠습니다.

It is bad to blame others in person.

다른 사람을 면전에서 비난하는 것은 나쁘다.

It is dangerous to cross the deep river.

그 깊은 강을 건너가는 것은 위험하다.

It is good to exercise regularly every day.

매일 규칙적으로 운동하는 것은 좋다.

It is hard to create or learn new things when we are frightened, angry or depressed.

두렵거나 화가 나 있거나 침울해 있을 때 새로운 것을 창조하거나 배우는 것은 어렵다.

It is important to live a balanced life.

균형 잡힌 생활을 하는 것은 중요하다.

It is impossible to change the personality you are born with.

타고난 성격을 바꾸는 것은 불가능하다.

It is natural to be attracted to kind people.

친절한 사람에게 끌리는 것은 당연하다.

It is necessary to help the poor and the sick.

가난하고 병든 사람들을 도와주는 것은 필요하다.

It is possible to persuade him to accept the suggestion.

그가 그 제안을 받아들이도록 설득하는 것은 가능하다.

It is rude to enter the house without permission.

허락 없이 집에 들어가는 것은 무례한 일이다.

Check it out!

F » floor

step 1

"사람들이 바닥에 침 뱉는 걸 보는 건 역겨워."

동료가 사장에게 아첨하는 것을 보니 역겨웠다.

친구가 토하는 것을 보니 역겨웠다.

옆자리에 앉은 승객이 침을 흘리며 자는 것을 보고 역겨웠다.

Step 2

가주어 진주어 구문

It is ~ to 부정사 : to 부정사 는 ~하다.

Step 3

10 sentences!

Game

Q. '경기'라는 단어를 보면 어떤 기억이 떠오르나요?

The game was suspended because of the rain.

비 때문에 경기가 연기되었다.

Step 1
키워드와 대표 문장

Game
The **game** was suspended because of the rain.

'경기' 하면 뭐가 떠오르나요? 축구, 야구, 아이스하키 등 여러 운동 종목들이 먼저 떠오를 겁니다. 경기장의 선수들은 물론 열심히 응원하는 수많은 관중들도 생각날 겁니다(Tens of thousands of spectators were excited, watching the soccer game). 그런 운동 경기들이 비나 눈 때문에 연기되는 경우를 많이 보아왔을 텐데요. 그 상황을 영어로 표현하면 다음과 같습니다.

The game was delayed because of the rain.
비 때문에 경기가 연기되었다.

앞으로 비나 눈으로 좋아하는 운동 경기가 연기되는 상황이 발생하면 이 문장을 자연스럽게 떠올리시기 바랍니다.

game이란 쉬운 단어로 중요한 다른 단어를 공부해볼까요? 영어 단어 공부법 중에 기본 단어에 철자를 1개 또는 2개 추가해서 새로운 단어를 공부하는 방법이 있습니다. 예를 들어 '추가'라는 뜻의 단어는 addition입니다. 커피나 담배를 정도 이상으로 추가해서 마시거나 핀다면 그 사람은 '중독'된 사람일 겁니다. 중독이라는 단어는 coffee와 cigarette의 c를 addition에 추가한 addiction입니다. 중독자는 addict입니다. 그래서 마약 중독자를 drug addict라고 합니다. game이란 단어에도 b을 중간에 추가하면 '도박하다'라는 뜻의 gamble을 얻게 됩니다. 도박하려면 화투나 카드를 섞어야 하므로 '섞다'는 gamble에 있는 ble를 이용하여 blend가 됩니다. blender는 '믹서기'라는 뜻이고요. game을 통해 gamble, blend, blender라는 단어를 얻게 되었네요.

대표 문장 구조 연습

이번에는 〈G: game〉 키워드 문장의 기본 구조를 활용해서 실생활에 쓰이는 다양한 문장을 만들어보겠습니다. 〈be + -ed: -되다.〉입니다.

극악한 범죄자가 자신의 죄를 뉘우치고 용서받는 상황을 생각해봅시다.

The criminal was forgiven because of his true repent.
그 범죄자는 진정한 회개로 용서를 받았다.

노동 현장에서 노동자들이 억울한 사고사를 당한 경우를 표현해보겠습니다.

The workers in the factory were killed because of toxic fumes.
공장의 노동자들이 독성 연기 때문에 죽었다.

시설물이 폭우로 망가진 경우는 어떻게 표현할까요?

The facility was destroyed because of the heavy rain.
그 시설물이 폭우로 파괴되었다.

그 범죄자는 진정한 회개로 용서를 받았다.

공장의 노동자들이 독성 연기 때문에 죽었다.

그 시설물이 폭우로 파괴되었다.

Step 2
내용 학습

자, 이제 〈G: game〉 키워드 문장 안에 어떤 중요한 내용이 들어 있나 확인해볼까요?

The game was suspended because of the rain.
비 때문에 경기가 연기되었다.

경기는 비 때문에 어쩔 수 없이 연기된 상황입니다. 어떤 행위를 '~한' 것이 아니라 '~하게 된' 것을 우리는 흔히 수동태라고 합니다.

예를 들어 '나는 너를 사랑해.'를 영어로 표현하면 'I love you.'가 됩니다. '나는 사랑받고 있다.'는 영어로 'I am loved.'이죠. 이와 같이 love를 능동으로 표현하면 '사랑하다'가 되는 것이고 수동으로 표현하면 '사랑받다'가 되는 것입니다. 위의 문장에서 보는 것처럼 수동으로 표현할 때는 be동사(am, are, is, was, were, been, being)와 동사에 ed를 붙인 과거분사가 와야 합니다(물론 불규칙동사는 해당 동사를 쓰면 됩니다. 예를 들어 ed를 붙이지 않는 make -> made, take -> taken 같은 동사들입니다). 이와 같이 be동사 다음에 과거분사를 써서 '~당한' 느낌을 표현하는 것이 수동태 표현입니다.

예문을 볼까요? 노예 취급 '하는 것'이 아니라 노예 취급 '당하다'라는 표현은 어떻게 이야기할까요?

They are treated like slaves only because of their skin colors.
그들은 단지 피부색 때문에 노예처럼 취급을 받는다.

수동태 be + 과거분사(-ed): ~가 되다.

그들은 단지 피부색 때문에 노예처럼 취급을 받는다.

영어 문장에서 수동으로 표현하는 다양한 사례를 살펴보겠습니다.

I want you to be respected by people.
나는 네가 사람들에게 존중받았으면 좋겠어.

to respect는 '존중하다'이지만 to be respected는 '존중받다'라는 뜻이 됩니다. 이와 같이 to 부정사도 똑같은 방법으로 수동형이 가능합니다.

다음 표현을 보겠습니다.

I enjoy being complimented.
나는 칭찬받는 것을 즐긴다.

complimenting은 '칭찬하는 것'이지만 being complimented는 '칭찬받는 것'이라는 뜻으로 동명사(-ing) 역시 수동태가 가능합니다.

또 이런 표현도 있습니다.

I have been ignored for a long time in the office.
나는 오랫동안 사무실에 무시를 당했다.

have ignored는 '무시해왔다'이지만 have been ignored는 '무시당해 왔다'라는 뜻으로 현재완료 시제(have + -ed) 역시 수동태가 가능하네요.

다음 표현을 보겠습니다.

I should have been recommended this time.
나는 이번에 추천받았어야 했다.

should have -ed는 '~했어야만 했는데'라는 의미의 가정법 표현입니다. 마찬가지로 recommended는 '추천했어야 했는데'라는 뜻이고, should have been recommended는 '추천받았어야 했는데'라는 뜻으로 수동태가 가능한 것을 알 수 있습니다.

수동형의 마지막 표현을 보겠습니다.

He is being punished by the teacher.
그는 선생님에게 벌을 받고 있는 중이다.

is punishing은 '벌을 주는 중'이라는 뜻이고 is being punished는 '벌을 받고 있는 중'이
라는 뜻입니다. be동사 + -ing 형태의 진행형도 수동태가 가능하네요.

이렇게 영어에는 다양하게 수동형을 표현하는 방법이 있습니다. 영어는 수동태가 발달
한 언어이기 때문에 위에서 분류한 대로 다양한 수동태를 평소에 훈련하기 바랍니다.

to 부정사의 수동태	to + be -ed
동명사의 수동태	being -ed
현재완료 수동태	have(has/had) + been -ed
가정법 표현 수동태	should have + been -ed
진행형 수동태	be being -ed

나는 네가 사람들에게 존중받았으면 좋겠어.

··

나는 칭찬받는 것을 즐긴다.

··

나는 오랫동안 사무실에 무시를 당했다.

··

나는 이번에 추천받았어야 했다.

··

그는 선생님에게 벌을 받고 있는 중이다.

··

Step 3
마무리 문장 10개

자, 이제 〈G: game〉 키워드 문장으로 만들어낼 수 있는 표현들을 정리해보겠습니다. 이유 외에도 양보, 조건의 상황으로 나누어 표현해보겠습니다.

The orphan was raised by the monk.

그 고아는 그 스님에 의해 양육되었다.

The remains were found at the foot of the mountain.

유해가 산기슭에서 발견되었다.

Ten books could be checked out at a time because of the new library policy.

새로운 도서관 정책 때문에 한 번에 10권의 책이 대출될 수 있었다.

The student was expelled because he smoked at school.

그 학생은 학교에서 담배를 피워서 퇴학당했다.

The whole squad was disciplined because of the mistake one soldier had made.

한 병사의 실수 때문에 분대 전체가 얼차려를 받았다.

The suggestion was refused even though he did his best.

그가 최선을 다했음에도 불구하고 그 제안은 거절되었다.

The wife was brutally murdered when her husband came home.

남편이 집에 왔을 때 아내가 잔인하게 살해되었다.

The employee might be fired unless she worked hard.

열심히 일하지 않았으면 그 직원은 해고당했을지도 모른다.

Fear can be overcome with the help of wise thinking.

현명한 사고의 도움으로 두려움은 극복될 수 있다.

The bodies were sent to the National Institute of Scientific Investigation for identification and autopsy.

시신들은 신원 확인과 부검을 위해 국과수로 보내졌다.

Check it out!

G » game

step 1

"비 때문에 경기가 연기되었어."

───────────────────────────────

그 범죄자는 진정한 회개로 용서를 받았다.

───────────────────────────────

공장의 노동자들이 독성 연기 때문에 죽었다.

───────────────────────────────

그 시설물이 폭우로 파괴되었다.

───────────────────────────────

Step 2

수동태 표현	be + -ed
to 부정사의 수동태	to + be -ed
동명사의 수동태	being -ed
현재 완료 수동태	have(has/had) + been -ed
가정법 수동태	should have + been -ed
진행형 수동태	be being -ed

Step 3

10 sentences!

Hair

Q. '머리카락'이라는 단어를 보면 뭐가 떠오르나요?

I had my hair cut short at the barbershop.

나는 이발소에서 머리를 짧게 깎았다.

Hair
I had my **hair** cut short at the barbershop.

'머리카락' 하면 떠오르는 이미지가 뭔가요? 빨갛게 또는 하얗게 염색(dye)한 머리가 생각날 수도 있고 군대에 가기 전 머리를 밀어서(shave one's hair) 바닥에 떨어진 눈물 젖은 머리카락이 생각날 수도 있습니다. 미용사가 뒷머리를 다듬어주었던 기억도 있겠죠(She trimmed the back of my hair). 이처럼 누구나 한 번쯤 머리를 짧게 자른 경험이 있을 텐데요. 영어로 표현하면 다음과 같습니다.

I had my hair cut short at the barbershop.
나는 이발소에서 머리를 짧게 깎았다.

남자는 이발소(barbershop)이지만 여자는 미용실(beauty shop)에서 머리를 짧게 자른 기억을 상기시키면 될 것 같습니다.

hair라는 단어로 다른 단어를 공부해볼까요? 영어 단어 공부법 중에 철자를 하나만 바꿔 새로운 단어를 익히는 공부 방법이 있습니다. 예를 들어 computer라는 단어의 철자 p를 m으로 바꾸면 commuter(통근자)가 됩니다. 노트북 컴퓨터를 가지고 회사에 통근한다고 연상하면 됩니다. 리암 니슨이 주연한 영화 〈커뮤터The Commuter〉(2017)가 국내에 개봉하기도 했으니 이 단어가 친숙할 겁니다. 같은 방법으로 hair라는 쉬운 단어의 철자 중 a를 e로 바꾸면 heir(상속인)가 됩니다. heir는 they의 소유격 their에 들어 있기도 합니다. '재벌, 그들의(their) 상속인(heir)'이라고 연결해서 외워도 됩니다. 여자 상속인은 heiress입니다. hair라는 쉬운 단어로 heir와 heiress라는 단어를 얻었네요.

대표 문장 구조 연습

이번에는 〈H: hair〉 키워드 문장의 기본 구조를 활용해서 실생활에 쓰이는 다양한 문장들을 만들어보겠습니다. 〈have 목적어 + -ed: -되도록 만들다.〉입니다.

자동차에 문제가 생겨서 카센터에서 자동차를 수리한 상황입니다. 어떻게 표현할까요?

I had my car repaired at the garage.
나는 카센터에서 내 차를 수리했다.

치과 병원에 가서 사랑니를 뽑았다면 다음과 같이 표현하면 됩니다.

I had my wisdom tooth pulled out at the dental clinic.
나는 치과에서 사랑니를 뽑았다.

미장원에서 머리를 염색한 내용은 다음과 같이 표현하면 됩니다.

I had my hair dyed at the beauty shop.
나는 미용실에서 내 머리를 염색했다.

나는 카센터에서 내 차를 수리했다.

....

나는 치과에서 사랑니를 뽑았다.

....

나는 미용실에서 내 머리를 염색했다.

....

Step 2
내용 학습

자, 이제 〈H: hair〉 키워드 문장에 들어 있는 중요한 내용을 살펴보겠습니다.

'나는 머리를 깎았다.'를 영어로 표현하라면 대부분 아무 생각 없이 'I cut my hair.'라고 말합니다. 하지만 이 말은 내가 가위를 가지고 내 스스로 내 머리를 깎았다는 뜻입니다. 머리는 주로 이발사나 미용사가 깎아 주니까 머리는 '깎여지는' 것입니다. 우리는 머리가 깎여지도록 시키는 것(have)뿐이죠. 이것이 영어와 우리말 표현의 차이인데 책에서 아무리 배워도 우리말식 그대로 영어로 번역하는 습관이 들어 많은 오류를 만들어냅니다. 키워드 문장을 여러 번 반복하여 익혀서 다양한 표현을 해내길 바랍니다.

앞 장에서 살펴본 문장으로 설명해보겠습니다.

I had my car repaired at the garage.
나는 카센터에서 내 차를 수리했다.

'나는 내 차를 수리했다.'를 I repaired my car라고 하면 내 차를 내가 스스로 '수리했다'는 뜻입니다. 그러나 I had my car repaired라고 하면 내 차가 수리되도록(repaired) 시켰다(had)는 것이니 자동차 정비공이 수리했다는 뜻이 됩니다.

두번째 문장도 볼까요?

I had my wisdom tooth pulled out at the dental clinic.
나는 치과에서 사랑니를 뽑았다.

'나는 사랑니를 뽑았다.'를 I pulled out my wisdom tooth라고 하면 내가 직접 사랑니를 뽑았다는 뜻이고 I had my wisdom tooth pull out이라고 하면 내 사랑니가 '뽑히도록(pull out)' 만들었다(had)는 것이니 치과 의사가 사랑니를 뽑았다는 뜻입니다.

I had my hair dyed at the beauty shop.
나는 미용실에서 내 머리를 염색했다.

세번째 문장 역시 I dyed my hair가 아니라는 것을 알 수 있겠죠.

그럼 이제 연습해보겠습니다. '나는 내 팔에 문신을 했다.'는 어떻게 표현할까요? 문신을 직접 한 것이 아닙니다. 그렇다면 문신이 '되도록' 한 것이니 다음과 같습니다.

I had my arm tattooed.
나는 내 팔에 문신을 했다.

'나는 귀에 피어싱을 했다.'는 어떻게 표현할까요? 내가 직접 한 것이 아니라면 다음과 같이 표현하면 되겠습니다.

I had my ears pierced.
나는 귀에 피어싱을 했다.

처음에는 어색할 수 있으니 문장을 반복하면서 자연스럽게 익히시기 바랍니다.

사역동사 2
대상과 행동의 관계가 수동적일 때
사역동사 + 목적어 + 과거분사(-ed): 목적어가 -되도록 만들다.

나는 내 팔에 문신을 했다.

나는 귀에 피어싱을 했다.

✚플러스 학습

눈치채셨을 지도 모르지만 이때 have는 사역동사 have입니다. 목적어가 '~한 상태가 되도록 시키다, 만들다'의 의미인데 우리가 〈B: baby〉 키워드에서 학습한 사역동사 구문과 조금 다른 것을 알 수 있습니다. 내용을 다시 가져오자면, 우리는 그때 대상이 어떤 행동을 '하도록' 만들 경우 〈사역동사 + 목적어 + 동사 원형〉의 형태로 쓴다고 배웠습니다. 차이점이 느껴지시나요?

> 목적어가 어떤 행동을 '하도록' 시킨다면 ⇨ 목적어 + 동사 원형
> 목적어가 어떤 상태가 '되도록' 시킨다면 ⇨ 목적어 + 과거분사

〈B: baby〉 키워드 예문을 다시 보겠습니다. '나는 동생에게 그 방을 청소하도록 시킬 것이다.'를 어떻게 표현했었나요?

I will make my brother clean the room.

나는 동생에게 그 방을 청소하도록 시킬 것이다.

⇒ 내 동생으로 하여금 청소'하도록' 시키는 것이기 때문에 clean이라는 동사 원형이 왔네요.

'그는 나로 하여금 계약서에 서명하도록 만들 것이다.'는 어떻게 표현했었죠?

He will make me sign the contract.

⇒ 그는 내가 서명'하도록' 시킨 것이니 목적어 me 다음에는 sign이라는 동사 원형이 왔습니다.

다시 〈H: hair〉 키워드 문장을 보면, 나는 내 머리가 짧게 '깎이도록' 만든 것이니 'I had my hair cut short at the barbershop'와 같이 my hair 뒤에는 과거분사인 cut이 오는 게 맞겠네요.

> 목적어가 '~하도록' 만들다: 사역동사 + 목적어 + 동사 원형
> 목적어가 '~되도록' 만들다: 사역동사 + 목적어 + 과거분사

Step 3
마무리 문장 10개

자, 이제 ⟨H: hair⟩ 키워드 문장으로 만들어낼 수 있는 문장들을 정리해보겠습니다.

I had my film developed.

나는 필름을 현상했다.

I had my visa extended.

나는 비자를 연장했다.

I had my wrist x-rayed.

나는 손목 엑스레이 사진을 찍었다.

I had my hair shaved.

나는 머리를 빡빡 깎았다.

I had my manuscript edited.

나는 원고를 편집했다.

I had my trousers ironed.

나는 바지를 다림질했다.

I had my fingers colored red.

나는 손톱을 빨갛게 물들였다.

I had my driver's license suspended.

나는 운전면허를 정지당했다.

She had her shoes polished yesterday.

그녀는 어제 구두를 닦았다.

My mother had her suitcase delivered to her house.

나의 엄마는 가방을 그녀의 집으로 배달했다.

Hair

Check it out!

H » hair

step 1

"나는 이발소에서 머리를 짧게 잘랐어."

나는 카센터에서 내 차를 수리했다.

나는 치과에서 사랑니를 뽑았다.

나는 미용실에서 내 머리를 염색했다.

Step 2

사역 동사 2

목적어가 '~하도록' 만들다: 사역동사 + 목적어 + 동사 원형
목적어가 '~되도록' 만들다: 사역동사 + 목적어 + 과거분사

Step 3

10 sentences!

I sland

Q. '섬'이라는 단어를 보면 뭐가 떠오르나요?

The island is famous for its beautiful scenery.

그 섬은 아름다운 경치로 유명하다.

Island

The **island** is famous for its beautiful scenery.

'섬' 하면 무엇이 떠오르나요? 하와이나 괌처럼 외국의 섬도 생각날 것이고, 우리나라 남해 한려수도에 떠 있는 올망졸망한 섬들도 떠오를 겁니다. 수평선 위에 섬이 그냥 하나의 점으로 보인 적도 있을 겁니다(The island was just a dot on the horizon). 상추자도와 하추자도를 잇는 다리처럼 섬과 섬을 연결하는 멋진 다리도 생각날 겁니다. 그렇게 섬은 이국적인 풍경, 끝없는 해안선, 눈 시린 해변 등 아름다운 풍광을 자랑합니다. 그런 내용을 영어로 표현하면 다음과 같습니다.

The island is famous for its beautiful scenery.

그 섬은 아름다운 경치로 유명하다.

'섬'이라는 뜻의 island에는 land가 들어 있습니다. land는 '땅' 또는 '착륙하다'의 뜻을 가진 단어이지요. '착륙하다'라는 뜻의 land를 보니 어떤 감동적인 사건이 생각납니다. 2009년 1월 뉴욕에서 비행기가 이륙하자마자 엔진이 폭발하여 탑승객 155명의 생명이 위협받는 사고가 발생했습니다. 하지만 기장은 침착하게 승객들을 안심시키고 비행기가 허드슨강에 내려앉도록 해서 전원이 생존하는 기적 같은 일이 일어났습니다. 이 일은 톰 행크스 주연의 〈설리: 허드슨강의 기적Sully: Miracle on the Hudson〉이란 이름으로 2016년에 영화로 제작되기도 했습니다. 이때의 상황을 land가 들어간 문장으로 정리하면 다음과 같습니다.

The pilot landed the plane on the Hudson river, and all 155 passengers aboard were rescued by nearby boats and there were few serious injuries.

비행기 조종사는 허드슨강에 비행기를 착륙시켰고, 탑승객 155명 전원이 근처에 있던 배에 의해 구조되었으며 중상을 입은 사람은 거의 없었다.

호랑이 굴에 잡혀가도 정신만 바짝 차리면 된다고 하니, 여러분들도 늘 침착하게 위기를 돌파하시기 바랍니다.

그럼 이번에는 land라는 쉬운 단어로 새로운 단어를 공부해볼까요? 우선 '산사태'라는 단어입니다. 산사태를 영어로 하면 mountain이 들어갈 것 같지만 영어로는 landslide라고 한다는 것을 잊지 마세요. 땅이 미끄러진다는 의미라고 생각하면 쉽겠죠. 또 맛이 싱겁거나 밍밍할 때 쓰는 단어는 bland입니다. '섞다'라는 뜻의 blend와 혼동하면 안 됩니다. 마지막으로 '중상모략하다'라는 뜻을 가진 단어는 slander입니다. 모두 land라는 단어가 들어 있습니다. land를 볼 때마다 이렇게 세 단어를 떠올리면 말할 때 이 단어들이 쉽게 생각이 날 겁니다. land라는 단어로 얻은 landslide, bland, slander 세 단어를 절대 잊지 마세요.

대표 문장 구조 연습

이번에는 〈I: island〉 키워드 문장의 기본 구조를 활용해서 실생활에 쓰이는 다양한 문장들을 만들어보겠습니다. 〈is famous for: ~으로 유명하다.〉입니다.

어니스트 헤밍웨이라는 작가를 생각하면 『노인과 바다』라는 소설이 가장 유명하죠?

The author is famous for his novel titled 『The Old Man and the Sea』.
그 작가는 『노인과 바다』라는 소설로 유명하다.

해외 여행지에서 특별한 기념품을 사왔다면 어떻게 표현할까요?

The village is famous for its special souvenir.
그 마을은 독특한 기념품으로 유명하다.

여행하다 보면 건물의 외관이 독특한 곳이 많이 있습니다. 이렇게 표현하면 되겠지요?

The building is famous for its unique appearance.
그 건물은 독특한 외관으로 유명하다.

그 작가는 『노인과 바다』라는 소설로 유명하다.

....

그 마을은 독특한 기념품으로 유명하다.

....

그 건물은 독특한 외관으로 유명하다.

....

Step 2
내용 학습

자, 이제 〈I: island〉 키워드 문장 안에 어떤 중요한 내용이 들어 있나 확인해볼까요?
키워드 문장 속에 있는 famous라는 형용사 다음에 전치사 for가 쓰인 것을 알 수 있습니다. 이번 문장 구조처럼 특정 형용사 뒤에 아무 전치사나 쓰는 것이 아니라 정해진 짝을 써야 하는 경우가 있습니다. 이것을 저는 '정해진 전치사'라고 명명했습니다. 정해진 전치사를 쓰는 경우는 다섯 가지입니다.

1. 동사 바로 다음에 정해진 전치사 쓰기

I believe in God. 나는 신을 믿는다.

⇒ '~의 존재를 믿다.' 또는 '~능력, 가치를 믿다.'의 의미를 만들면서 believe와 함께 쓰이는 전치사는 in입니다.

The bag belongs to her. 그 가방은 그녀의 것이다.

⇒ '~에게 속하다'는 belong to~ 입니다.

2. 동사의 목적어 다음에 정해진 전치사 쓰기

We regard him as a genius. 우리는 그를 천재로 간주한다.

⇒ 'regard A as B: A를 B로 간주하다.' 입니다.

The teacher scolded him for not doing his homework.
선생님은 그가 숙제를 하지 않아 꾸짖었다.

⇒ 〈A: album〉 키워드 문장에 있는 remind 다음에 of를 쓰는 것도 여기에 해당됩니다.

3. 명사 다음에 정해진 전치사 쓰기

He is a slave to money. 그는 돈의 노예다.

⇒ '~에 대한 노예'라고 표현하고 싶을 때는 꼭 to를 사용한다는 것을 기억합시다.

I have interest in science. 나는 과학에 흥미가 있다.

⇒ '~에 관심이 있다'는 표현은 have interest in~입니다.

There is no limit to what you can do. 당신이 할 수 있는 것에 한계란 없다.

⇒ '~에 대한 한계'는 limit to~임을 기억합시다.

4. 명사 앞에 정해진 전치사 쓰기

They built the bridge on a huge scale. 다리는 거대한 규모로 지어졌다.

⇒ scale 앞에 정해진 전치사 on을 썼습니다. 'on a scale: ~한 규모로'를 한 덩어리로 기억합시다.

We visited this museum for a special purpose.
우리는 특별한 목적으로 이 박물관을 방문했다.

⇒ 'for purpose: ~한 목적으로' 역시 하나로 묶어서 기억합시다.

5. 형용사 다음에 정해진 전치사 쓰기

He is good at swimming. 그는 수영을 잘한다.

She is poor at math. 그녀는 수학을 잘 못한다.

⇒ '~을 잘하는/못하는'의 의미를 만들 때 good, poor 형용사 다음에는 정해진 전치사 at을 씁니다.

He is responsible for the accident. 그는 그 사고에 책임이 있다.

⇒ '~에 대해 책임이 있는'이라는 표현은 responsible for입니다.

His style is totally different from mine. 그의 스타일은 나와는 완전히 다르다.

⇒ '~과 다른'을 만들려면 different 다음에 정해진 전치사 from을 써야 합니다.

I'm very proud of you. 난 네가 자랑스러워.

⇒ 정해진 전치사 of를 써서 'proud of: ~이 자랑스러운'입니다.

Our products are superior to competitor's.
우리 제품이 경쟁사 제품보다 우월하다.

⇒ 형용사 superior 다음에 '~보다'라는 의미를 가진 정해진 전치사는 to입니다.

What's wrong with the man? 그 남자 뭐가 문제야?

⇒ '~에 문제가 있는'은 wrong 다음에 정해진 전치사 with를 써야 합니다.

정해진 전치사 쓰기

동사 뒤	believe in, belong to
목적어 뒤	regard as, scold for
명사 뒤	slave to, interest in, limit to
명사 앞	on a scale, for purpose
형용사 뒤	good at, poor at, responsible for, different from, proud of, superior to, wrong with

나는 신을 믿는다.

....

그 가방은 그녀의 것이다.

....

우리는 그를 천재로 간주한다.

....

선생님은 그가 숙제를 하지 않아 꾸짖었다.

....

그는 돈의 노예다.

....

나는 과학에 흥미가 있다.

....

당신이 할 수 있는 것에 한계란 없다.

....

다리는 거대한 규모로 지어졌다.

....

우리는 특별한 목적으로 이 박물관을 방문했다.

....

그는 수영을 잘한다.

그녀는 수학을 잘 못한다.

그는 그 사고에 책임이 있다.

그의 스타일은 나와는 완전히 다르다.

난 네가 자랑스러워.

우리 제품이 경쟁사 제품보다 우월하다.

그 남자 뭐가 문제야?

Step 3
마무리 문장 10개

자, 이제 〈I: island〉 키워드 문장으로 만들어낼 수 있는 문장들을 정리해보겠습니다.

The book is famous for its peculiar design.

그 책은 특이한 디자인으로 유명하다.

The church is famous for its devout congregation.

그 교회는 독실한 신도로 유명하다.

The company is famous for its unique products.

그 회사는 독특한 제품으로 유명하다.

The festival is famous for its splendid fireworks.

그 축제는 화려한 불꽃놀이로 유명하다.

The flower is famous for its fragrance.

그 꽃은 향기로 유명하다.

The house is famous for its huge study.

그 집은 거대한 서재로 유명하다.

The Pope is famous for his unlimited love.

교황은 무한한 사랑으로 유명하다.

The professor is famous for his eccentric character.

그 교수는 괴팍한 성격으로 유명하다.

The scholar is famous for his numerous books.

그 학자는 수많은 저술로 유명하다.

The theater is famous for its popular performance.

그 극장은 인기 있는 공연으로 유명하다.

Check it out!

I » island

step 1

"그 섬은 아름다운 경치로 유명해."

그 작가는 『노인과 바다』라는 소설로 유명하다.

그 마을은 독특한 기념품으로 유명하다.

그 건물은 독특한 외관으로 유명하다.

Step 2

정해진 전치사 쓰기

동사 뒤	believe in, belong to
목적어 뒤	regard as, scold for
명사 뒤	slave to, interest in, limit to
명사 앞	on a scale, for purpose
형용사 뒤	good at, poor at, responsible for, different from, proud of, superior to, wrong with

Step 3

10 sentences!

Juice

Q. '주스'라는 단어를 보면 뭐가 떠오르나요?

Drinking orange juice every morning is
good for your health.

매일 아침 오렌지 주스를 마시는 것은 건강에 좋다

Juice

Drinking orange **juice** every morning is
good for your health.

'주스' 하면 뭐가 떠오르나요? 일단 오렌지 주스를 비롯하여 사과 주스, 당근 주스, 레몬 주스 등 다양한 주스를 마셔본 경험이 있을 겁니다. 빨대로 주스를 마시던 생각(I sucked juice through a straw)이 나지요? 요즘 건강을 위해 매일 아침 주스를 마시는 사람들이 많이 늘었습니다. 그 내용을 영어로 옮겨볼까요?

Drinking orange juice every morning is good for your health.

매일 아침 오렌지 주스를 마시는 것은 건강에 좋다.

juice라는 단어로 다른 단어를 배워볼까요? juice라는 단어 안에는 ice가 들어 있습니다. 달콤한 주스 안에 차가운 얼음이 들어 있어요. 단어를 암기하는 또 다른 팁이 될 수 있습니다. 예를 들어 flower라는 단어 안에 low가 들어 있습니다. '나를 낮추면(low) 꽃(flower)처럼 향기가 난다.'라고 연상할 수 있겠네요. 또 door에 do가 들어 있는 것에 착안해서 '실행(do)을 해야 문(door)이 열린다.'라고 의미를 만들 수 있습니다. juice는 달콤해서 유혹을 상징하고 ice는 차가워서 냉철함을 나타낸다고 생각해보세요. '주스(juice)처럼 달콤한 유혹은 얼음(ice)처럼 차갑게 물리쳐라.'라고 생각해볼 수 있겠네요.

그럼 juice 안에 있는 ice로 단어를 확장해볼까요? 냉동실에 얼려 있는 얼음은 주사위 같은 육면체입니다. 주사위는 ice에 d를 붙여 dice입니다. 주사위는 중요한 결정을 하는 데 쓰이기도 하죠. 편견은 prejudice입니다. dice가 들어 있는 것을 알 수 있을 겁니다. juice라는 쉬운 단어로 얻은 dice, prejudice 절대 잊지 마세요.

대표 문장 구조 연습

이번에는 〈J: juice〉키워드 문장의 기본 구조를 활용해서 실생활에 쓰이는 다양한 문장들을 만들어보겠습니다. 〈-ing is: ~하는 것은〉입니다.

주어진 삶에 최선을 다했을 때 성공은 내 앞에 성큼 다가오겠죠. 그렇다면 '항상 인생에 최선을 다하는 것'을 주어로 하려면 어떻게 표현할까요?

Doing best in life all the time is the key to success.
항상 인생에 최선을 다하는 것은 성공의 열쇠다.

너무 많은 일을 벌여놓으면 정신을 차릴 수가 없습니다. 단순하게 사는 삶이 필요한 때입니다. '삶을 단순하게 만드는 것'은 주어로 뭘까요?

Making your life simple is essential to be happy.
당신의 삶을 단순하게 만드는 것은 행복하기 위해 꼭 필요하다.

그렇다면 단순하게 살기 위해 '마음을 비우는 것'은 어떻게 표현할까요?

Emptying your mind is the road to inner peace.
마음을 비우는 것은 내면의 평화에 이르는 길이다.

항상 인생에 최선을 다하는 것은 성공의 열쇠다.

당신의 삶을 단순하게 만드는 것은 행복하기 위해 꼭 필요하다.

마음을 비우는 것은 내면의 평화에 이르는 길이다.

Step 2
내용 학습

자, 이제 〈J: juice〉 키워드 문장 안에 들어 있는 중요한 내용을 살펴볼까요?

동사에 ing를 붙여 동명사로 문장을 시작하면 '~것은'으로 해석되는 동명사 주어가 됩니다. 동명사는 이렇게 명사의 역할을 하기 때문에 주어로도 쓰일 뿐만 아니라 문장 안에서 목적어, 보어, 전치사의 목적어 자리에 쓰입니다.

예를 들어보겠습니다.

I enjoy digging the clams at the tidal flat.
나는 갯벌에서 대합조개 캐는 것을 즐긴다.

⇒ 동명사 digging이 enjoy의 목적어로 쓰였습니다.

Seeing is believing.
백문이 불여일견.

⇒ 동명사 believing이 주어를 보충 설명하는 보어로 쓰였습니다.

He gave me the experience of being deeply understood, truly supported, and completely loved.
그는 나에게 깊이 이해받고, 진정으로 지지받고, 완전히 사랑받는 경험을 주었다.

⇒ of 뒤 being understood, being supported, being loved가 모두 전치사 of의 목적어로 쓰였네요.

한편 동명사 주어는 능동의 의미로 시작할 수도 있고, 수동의 의미로 시작할 수도 있습니다. 수동의 의미를 표현하고 싶을 때는 우리가 〈G: game〉에서 익힌 수동태를 이용하면 됩니다. 예를 들면,

Loving people unconditionally is noble.
사람들을 조건 없이 사랑하는 것은 고귀하다.

위의 문장은 사랑'하는 것' 즉, 능동 주어네요. 그렇다면 사랑'받는 것'을 주어로 해볼까요?

Being loved by my husband makes me happy.
남편에게 사랑받는 것은 나를 행복하게 해준다.

⇒ '사랑받다'의 be loved에서 ing만 붙였더니 수동의 동명사 주어가 되었습니다.

Ignoring people without any reason is very bad.

아무런 이유 없이 사람들을 무시하는 것은 나쁘다.

Being ignored by supervisors at work is unfair.

직장에서 상급자에게 무시당하는 것은 불공평하다.

⇒ '무시당하다'의 be ignored에서 ing를 붙여 '무시당하는 것'의 동명사 주어가 되었습니다.

동명사(-ing)의 명사적 쓰임
문장의 주어, 목적어, 보어, 전치사의 목적어로 사용된다.

나는 갯벌에서 대합조개 캐는 것을 즐긴다.

백문이 불여일견.

그는 나에게 깊이 이해받고, 진정으로 지지받고, 완전히 사랑받는 경험을 주었다.

사람들을 조건 없이 사랑하는 것은 고귀하다.

남편에게 사랑받는 것은 나를 행복하게 해준다.

아무런 이유 없이 사람들을 무시하는 것은 나쁘다.

직장에서 상급자에게 무시당하는 것은 불공평하다.

이제 구조 결합 구문을 볼까요?

〈Step 2 내용 학습〉에서 이미 보았지만 〈J: Juice〉 키워드의 동명사 주어와 가장 많이 연결되는 문법 중 하나가 〈G: game〉 문장에서 공부한 수동태입니다. 능동과 수동의 개념은 행위와 동작을 설명하는 '동사'의 필수적인 요소입니다. 그런데 영어는 이 동사가 여러가지로 변형되어 매우 다양한 역할을 하고, 그 모든 곳에 역시 능동과 수동 개념이 적용되니 확실히 알아두는 것이 좋겠지요.

예를 들어 〈내용 학습〉에서는 동명사 주어가 수동의 의미인 것을 학습했습니다.

Being loved by my husband makes me happy.
남편에게 사랑받는 것은 나를 행복하게 해준다.

Being -ed: -되는 것은…

이번 구조 결합에서는 동명사 주어에 수동태 동사가 결합하는 것을 보겠습니다. 수동태 동사는 be + -ed로 써주면 됩니다. 예문을 보겠습니다.

His testifying in the court was not accepted.
법정에서 그가 증언한 것은 받아들여지지 않았다.

⇒ 동명사 주어 testifying과 수동태 동사 was not accepted가 결합했네요.

Helping the poor is often overlooked.
가난한 사람들을 도와주는 것은 종종 간과된다.

⇒ 동명사 주어 helping과 수동태 동사 is overlooked가 결합했습니다.

그럼 마지막 문장은 직접 만들어보시기 바랍니다. '공공장소에서 크게 말하는 것' + '금지되어 있다'를 어떻게 표현하면 될까요?

Speaking loud in the public place is prohibited.
공공장소에서 크게 말하는 것은 금지되어 있다.

⇒ 동명사 주어 speaking과 수동태 동사 is prohibited가 결합했습니다.

Step 3
마무리 문장 10개

자, 이제 〈J: juice〉 키워드 문장으로 만들어낼 수 있는 표현들을 정리해보겠습니다.

Arresting the criminal is urgent.

범인을 잡는 일이 긴급하다.

Approaching the building is prohibited.

그 건물에 접근하는 것은 금지되었다.

Asking a lady her age is impolite.

숙녀에게 나이를 묻는 것은 무례한 일이다.

Changing your eating habits is the best way to lose weight.

당신의 식습관을 바꾸는 것이 살을 빼는 최선의 방법이다.

Expecting something good to happen is good.

뭔가 좋은 일이 생길 것이라고 기대하는 것은 좋다.

Expressing an opinion is necessary.

의견을 표현하는 것은 필요한 일이다.

Giving up trying to change is bad.

변화하려고 애쓰는 것을 포기하는 것은 나쁘다.

Helping people in need is necessary.

곤경에 빠진 사람들을 도와주는 것은 필요하다.

Spending the weekend relaxing in the countryside is good for your health.

주말을 시골에서 쉬면서 보내는 것은 당신 건강에 좋다.

Trying to attain goals is significant.

목표를 달성하려고 애쓰는 것은 중요하다.

Check it out!

J » juice

step 1

"매일 아침 오렌지 주스를 마시는 것은 건강에 좋아."

항상 인생에 최선을 다하는 것은 성공의 열쇠다.

당신의 삶을 단순하게 만드는 것은 행복하기 위해 꼭 필요하다.

마음을 비우는 것은 내면의 평화에 이르는 길이다.

Step 2

동명사의 명사적 쓰임

문장의 주어, 목적어, 보어, 전치사의 목적어로 사용

Step 3

10 sentences!

동명사 + 수동태 동사: "법정에서 그가 증언한 것은 받아들여지지 않았다."

···→ His testifying in the court was not accepted.

K_{ey}

Q. '열쇠'라는 단어를 보면 뭐가 떠오르나요?

I clearly remember putting the key in my pocket
this morning.

오늘 아침에 열쇠를 주머니에 넣었던 것이 분명히 기억난다.

Key

I clearly remember putting the **key** in my pocket this morning.

'열쇠' 하면 뭐가 생각나나요? 실과 바늘처럼 열쇠와 더불어 자물통(lock)이 생각날 수도 있고, 아파트 현관문을 한 가닥 철사로 쉽게 따는 장면이 떠오를지도 모릅니다. 같은 열쇠가 필요해 열쇠를 복제해달라고 말한 기억도 날 것입니다(Can you duplicate this key for me?). 하지만 누구나 한 번쯤 경험해보는 일은 아침에 분명히 주머니에 열쇠를 넣은 것 같은데 열쇠가 필요해서 찾으면 귀신이 곡할 노릇으로 열쇠가 없는 상황일 것입니다. 그 상황을 영어로 표현하면 다음과 같습니다.

I clearly remember putting the key in my pocket this morning.

오늘 아침에 열쇠를 주머니에 넣었던 것이 분명히 기억난다.

key라는 쉬운 단어로 다른 단어들을 공부해볼까요? 서유기에 나오는 손오공이 옥에 갇혀 있을 때 삼장법사가 열쇠로 문을 열어 그를 풀어줍니다. 원숭이라는 monkey에는 key가 들어 있습니다. 그 원숭이인 손오공을 풀어주는 삼장법사는 스님입니다. 스님은 monkey 안에 들어 있는 monk입니다. monk는 서양식으로 말하면 '수도승'인데 수도승이 수행하는 공간을 수도원이라고 합니다. 수도원은 monk에 있는 mon을 이용하여 monastery(수도원)가 됩니다. key라는 단어를 통해 스토리도 얻고 monk, monastery라는 중요한 단어도 공부할 수 있었습니다.

대표 문장 구조 연습

이제 다시 〈K: key〉라는 키워드 문장으로 돌아와 일상생활에서 쓰일 수 있는 여러 문장들을 만들어볼까요? 〈remember -ing: -했던 것을 기억하다.〉입니다.

잊고 있다가 문득 친구에게 돈을 빌려준 기억이 난다면 다음과 같이 표현하면 됩니다.

I remember lending my friend some money.
나는 친구에게 약간의 돈을 빌려준 기억이 난다.

예전에 도서관에서 여자친구와 같이 공부한 기억이 난다면 이렇게 말하면 됩니다.

I remember studying with my girlfriend at the library.
나는 도서관에서 여자친구와 공부한 기억이 난다.

아이들이 어렸을 때 함께 박물관에 갔던 기억이 나면 다음과 같이 표현하면 됩니다.

I remember visiting the museum with my kids.
나는 아이들과 박물관을 방문한 기억이 난다.

나는 친구에게 약간의 돈을 빌려준 기억이 난다.

나는 도서관에서 여자친구와 공부한 기억이 난다.

나는 아이들과 박물관을 방문한 기억이 난다.

Step 2
내용 학습

자, 이제 〈K: key〉 키워드 문장 안에 어떤 중요한 내용이 들어 있나 확인해볼까요?

I clearly remember putting the key in my pocket this morning.
오늘 아침에 열쇠를 주머니에 넣었던 것이 분명히 기억이 난다.

아침에 주머니에 열쇠를 넣고 아침 시간이 지나 그 일을 떠올린다면 이미 이루어진 행위를 기억하는 것입니다. 그럴 때는 remember 다음에는 동사에 -ing를 붙인 형태로 표현합니다. 목적어로 동명사를 써야 한다는 것이죠.
짐 캐리가 주연한 영화 〈브루스 올마이티Bruce Almighty〉에 보면 하나님의 모습으로 나타난 모건 프리먼이 창밖의 아름다운 풍경을 보고 다음과 같이 말하는 장면이 나옵니다.

I remember creating the world.
내가 이 세상을 창조한 기억이 난다.

세상을 이미 창조했기 때문에 create에 ing를 붙여서 표현한 것입니다.

remember + -ing (이전에) -했던 것이 기억나다.

내가 이 세상을 창조한 기억이 난다.

remember와 비슷한 동사는 뭐가 있을까요? forget도 같은 용법으로 쓰입니다.

I forgot meeting the man.
나는 그 남자를 만났던 것을 깜박 잊었다.

반면 remember나 forget이 '앞으로 할 일'을 기억하거나 잊어버리는 상황을 표현하고
싶을 때는 -ing 대신에 to 부정사를 쓰면 됩니다. 예를 들어볼까요?

You have to remember to brush your teeth before you go to bed.
잠자러 가기 전에 양치하는 것을 꼭 기억해야 한다.
⇒ 아직 하지 않은, 앞으로 이를 닦아야 할 상황이기에 to brush가 쓰였습니다.

Don't forget to send me the text message after class.
수업 후에 내게 문자 메시지 보내는 거 잊지 마.
⇒ 역시 문자 메시지를 앞으로 보내야 하는 거니까 to send가 쓰였네요.

remember -ing	-했던 것이 기억나다.
remember to-	-할 것이 기억나다.
forget -ing	-했던 것을 잊다.
forget to-	-할 것을 잊다.

니는 그 남자를 민났던 깃을 깜빅 잊있다.

잠자러 가기 전에 양치하는 것을 꼭 기억해야 한다.

수업 후에 내게 문자 메시지 보내는 거 잊지 마.

Key

이제 구조 결합 구문을 볼까요?

remember + -ing 문법과 많이 연결되는 문법 중 하나가 〈H: hair〉 키워드 문장에서 공부한 사역동사 'have'의 용법입니다. '~행동을 하도록 시켰던 것이 기억난다'라는 문장을 만들고 싶을 때 활용하면 되겠지요.

remember 다음에 동명사를 써야 하니 have 대신 having을 쓰고 사역동사의 구조인 목적어와 과거분사(-ed)를 뒤에 붙이면 됩니다. 다음 예문을 보면 쉽게 이해가 될 것입니다. 여러분도 쉽게 구조 결합 문장을 만들 수 있습니다.

I remember having my car repaired at the garage.
나는 내 차를 그 카센터에서 수리했던 기억이 난다.

⇒ 예전에 했던 일을 떠올리는 것이니 remember 뒤에는 -ing가 왔습니다. 그런데 예전에 발생한 일이 바로 내가 내 차를 수리했던 일이네요. 내 차가 '수리되도록 했다'는 사역동사를 써서 have my car repaired 였던 것도 기억하시죠? 둘을 결합하면 되겠습니다.

같은 원리로 아래 두 문장도 만들어보시기 바랍니다.
내가 머리를 염색했던 기억이 날 때는 뭐라고 표현할까요?

⇒I remember having my hair dyed at the beauty shop.
나는 그 미용실에서 내 머리를 염색한 기억이 난다.

사랑니를 뽑았던 기억이 날 때는 어떻게 말하면 될까요?

⇒I remember having my tooth pulled out at the dental clinic.
나는 그 치과에서 사랑니를 뽑았던 기억이 난다.

Step 3
마무리 문장 10개

자, 이제 〈K: key〉 키워드 문장으로 표현할 수 있는 문장들을 정리해보겠습니다.

I remember arguing over things that didn't matter.
나는 중요하지 않은 일로 말다툼을 했던 기억이 난다.

I remember assisting him in finding the document.
나는 그가 그 서류를 찾는 데 도움을 준 기억이 난다.

I remember being ignored because I looked poor.
나는 가난해 보인다고 해서 무시당했던 기억이 난다.

I remember being treated like a suspect.
나는 용의자 취급당했던 기억이 난다.

I remember bleeding when I had a car accident.
나는 자동차 사고가 났을 때 피를 흘렸던 기억이 난다.

I remember climbing the mountain.
나는 그 산에 올랐던 기억이 난다.

I remember dropping out of school at the age of thirteen.
나는 13살의 나이에 학교를 자퇴했던 기억이 난다.

I remember my heart pounding when I first met her.
나는 처음 그녀를 만났을 때 내 가슴이 뛰었던 기억이 난다.

I remember noticing something strange about him.
나는 그에 대해 뭔가 수상한 것을 알아차렸던 기억이 난다.

I remember notifying the police that my son disappeared.
나는 아들이 사라졌다고 경찰에 신고했던 기억이 난다.

Key

Check it out!

K » key

step 1

"오늘 아침에 열쇠를 주머니에 넣었던 것이 분명히 기억나."

나는 친구에게 약간의 돈을 빌려준 기억이 난다.

나는 도서관에서 여자친구와 공부한 기억이 난다.

나는 아이들과 박물관을 방문한 기억이 난다.

Step 2

remember의 동명사 목적어

remember –ing	–했던 것이 기억나다.
remember to–	–할 것이 기억나다.
forget –ing	–했던 것을 잊다.
forget to–	–할 것을 잊다.

Step 3

10 sentences!

remember + -ing와 사역동사: "나는 내 차를 그 카센터에서 수리했던 기억이 난다."

⋯▸ I remember having my car repaired at the garage.

Line

Q. '선'이라는 단어의 정의는 무엇일까요?

A straight line is the shortest distance between two points.

직선은 두 점 사이의 최단거리다.

Line

A straight line is the shortest distance between two points.

'선' 하면 가장 먼저 뭐가 떠오르나요? 축구 경기장의 하프 라인(half line)이 생각날 수도 있고, 동해안의 멋진 해안선(coast line)이 떠오를 수도 있습니다. 에스라인(S line)이 떠오르는 사람도 물론 있겠지요. 이번에는 그런 경험 말고 '선' 하면 연결되는 객관적 사실을 생각해보겠습니다. 포물선, 곡선, 나선 등 여러 선이 있지만 직선에 대한 정의는 '두 점 사이의 가장 짧은 거리'입니다. 그것을 영어로 옮겨보면 다음과 같습니다.

A straight line is the shortest distance between two points.

직선은 두 점 사이의 최단거리다.

학교 다닐 때 수학 시간에 배운 기억이 납니까? 그때 배운 용어들 루트(root), 함수(function), 이퀄(equal), 리미트(limit) 등이 다 영어 단어였네요.

line이란 쉬운 단어로 다른 단어들을 배워볼까요? '선을 지켜라'라는 말이 있지요. 공동체나 한 조직이 운영되려면 지켜야할 선이 있습니다. 바로 '규율'입니다. '규율'은 discipline입니다. line이 그 안에 들어 있는 것을 알 수 있습니다. 그 규율을 어기면 공동체나 조직에서 쫓겨나서 다시 들어오는 것이 거절될 수 있습니다. '거절하다'는 decline 입니다. 역시 line이 들어 있다는 것을 알 수 있습니다. line을 볼 때마다 discipline과 decline을 떠올리세요.

대표 문장 구조 연습

이제 다시 〈L: line〉 키워드 문장으로 돌아와 일상생활에서 쓸 수 있는 여러 문장들을 만들어볼까요? 〈the -est: 가장 ~한〉입니다.

선생님이 학급에서 키가 가장 큰 학생을 소개한다고 생각해보세요.

He is the tallest student in the class.
그는 반에서 가장 키가 큰 학생입니다.

관광 안내사가 관광객들에게 시 관내에 있는 가장 높은 산에 대해 설명한다고 생각해보세요.

This is the highest mountain in our city.
이것이 우리 시에서 가장 높은 산입니다.

자동차 영업 사원이 고객에게 가장 비싼 차를 소개한다고 생각해보세요.

This is the most expensive car in our dealership.
이것이 저희 대리점에서 가장 비싼 차입니다.

그는 반에서 가장 키가 큰 학생입니다.

이것이 우리 시에서 가장 높은 산입니다.

이것이 저희 대리점에서 가장 비싼 차입니다.

Step 2
내용 학습

자, 이제 〈L: line〉 키워드 문장 안에 어떤 중요한 내용이 들어 있나 확인해볼까요?

A straight line is the shortest distance between two points.
직선은 두 점 사이의 최단거리다.

키워드 문장의 the shortest와 같이 small, large, young과 같은 형용사에 est를 붙여 'the -est'라는 모양을 만들면 '가장 ~한'이라는 뜻의 최상급 표현이 됩니다. 예를 들어보겠습니다.

'이 가게에서 가장 작은 모자'는 어떻게 표현할까요?

This is the smallest cap in the store.
이것이 가게에서 가장 작은 모자입니다.

'이 나라에서 가장 큰 섬'은 어떻게 표현할까요?

This is the largest island in the nation.
이곳이 이 나라에서 가장 큰 섬입니다.

'가장 어린 아들'은 어떻게 표현할까요?

He is the youngest son in the family.
이 아이가 우리 식구 중 가장 어린 아들입니다.

또한 beautiful, difficult, popular와 같이 음절이 긴 형용사에는 -est 대신 형용사 앞에 most를 붙여 'the most + 형용사'의 모양을 만듭니다. 예문을 볼까요?

She is the most beautiful employee in the company.
그녀는 회사에서 가장 아름다운 직원입니다.

This is the most difficult course in the road.
이곳이 도로에서 가장 어려운 코스입니다.

It is the most popular book in the bookstore.
이것이 서점에서 가장 인기 있는 책입니다.

최상급 표현

1음절 형용사	the 형용사 + est
2음절 이상 형용사	the most + 형용사

이것이 가게에서 가장 작은 모자입니다.

이곳이 이 나라에서 가장 큰 섬입니다.

이 아이가 우리 식구 중 가장 어린 아들입니다.

그녀는 회사에서 가장 아름다운 직원입니다.

이곳이 도로에서 가장 어려운 코스입니다.

이것이 서점에서 가장 인기 있는 책입니다.

이제 구조 결합 구문을 볼까요?

우리가 방금 학습한 '최상급' 문법과 많이 연결되는 문법이 바로 ⟨J: juice⟩ 키워드에서 공부한 '동명사 주어' 문법입니다. '동명사 주어' 뒤에 최상급 표현이 설명해주는 형태로 자주 쓰입니다. 만들어볼까요?

학생들에게 독서의 중요성을 설명하면서 다음과 같은 문장을 만든다고 생각해봅시다.

Reading books is the best way to enlarge your vocabulary.
책을 읽는 것은 어휘력을 키우는 최고의 방법이다.

⇒ 일단 '책을 읽는 것'에 해당하는 동명사 주어를 만들고 최상급을 사용해 표현해줍니다.

'당신의 식습관을 바꾸는 것이 살을 빼는 최선의 방법이다.'라는 표현은 어떻게 만들까요? 같은 방식으로 먼저 동명사 주어를 만들고 '최선의 방법'이라는 최상급 표현을 결합시킵니다.

⇒ **Changing your eating habits is the best way to lose weight.**
당신의 식습관을 바꾸는 것이 살을 빼는 최선의 방법이다.

마지막으로 질병 예방을 위해 손 씻기를 강조하는 표현을 만들어볼까요?

⇒ **Washing your hands is the best way to stop germs from spreading.**
손을 씻는 것은 병균이 퍼지는 것을 막는 최선의 방법이다.

Step 3
마무리 문장 10개

자, 이제 〈L: line〉 키워드 문장으로 표현할 수 있는 문장들을 정리해보겠습니다.

He was the most arrogant man in the meeting.

그는 그 회의에서 가장 오만한 사람이었다.

She is the smartest student in the class.

그녀는 반에서 가장 똑똑한 학생이야.

The dream was the worst nightmare I have ever had.

그 꿈은 내가 꾼 가장 최악의 악몽이었다.

He was the bravest fire fighter in the fire station.

그는 소방서에서 가장 용감한 소방관이었다.

That is the nearest pharmacy from here.

저곳이 여기서 가장 가까운 약국입니다.

It is the most expensive suit in the store.

이것은 매장에서 가장 비싼 양복이다.

He is the most influential sales employee in the dealership.

그는 그 대리점에서 가장 영향력 있는 판매 직원이다.

He is the most cruel murderer in the crime history.

그는 범죄 역사상 가장 잔인한 살인자이다.

This is the most interesting book in the library.

이것이 도서관에서 가장 재미있는 책이다.

This is the most useful tool on the shelf.

이것이 선반에서 가장 유용한 연장이다.

Check it out!

L » line

step 1

"직선은 두 점 사이의 최단거리야."

....

그는 반에서 가장 키가 큰 학생입니다.

....

이것이 우리 시에서 가장 높은 산입니다.

....

이것이 저희 대리점에서 가장 비싼 차입니다.

....

Step 2

최상급 표현

1음절 형용사　　　　the 형용사 + est
2음절 이상 형용사　　the most + 형용사

Step 3

10 sentences!

동명사 주어 + 최상급 : "책을 읽는 것은 어휘력을 키우는 최고의 방법이다."

┈▸ Reading books is the best way to enlarge your vocabulary.

Mirror

Q. '거울' 안의 물체는 어떻게 보이나요?

Objects in the mirror are closer than they appear.

거울 속의 물체는 실제보다 더 가까이 있다.

Mirror

Objects in the **mirror** are closer than they appear.

> '거울' 하면 떠오르는 이미지가 뭔가요? 당연히 거울 앞에서 머리를 빗는 모습(I combed my hair in front of the mirror)이 있겠죠. 유명한 <백설 공주>의 한 장면이 떠오를 수도 있고, 한국 사회를 뜨겁게 달구는 용어인 '미러링mirroring'이 생각날 수도 있을 겁니다. 또한 거울과 관련해서 운전을 하는 사람들은 자동차 후사경(rear view mirror)에 쓰여 있는 아래 표현이 익숙할 겁니다. 예전에는 영어와 우리말이 거울에 같이 쓰여 있었는데 지금은 우리말만 쓰여 있어서 영어 문장을 접하기가 쉽지 않습니다. 수입차에는 대부분 쓰여 있지만요.

Objects in the mirror are closer than they appear.

거울 속의 물체는 실제보다 더 가까이 있다.

mirror라는 단어를 통해서 또 다른 단어를 공부해볼까요? 앞에서 본 단어 공부법 중에 쉬운 단어 속의 철자를 활용해 더 높은 단어를 공부하는 방법이 있었습니다. 거울은 물체를 반영하여 모습을 드러나게 하는 기능을 합니다. '반영하다'라는 단어는 mirror 속의 철자 r을 이용하여 reflect(반영하다)입니다. reflect는 '반성하다'라는 뜻도 있습니다. 그리고 거울은 물체의 모양을 똑같이 비춥니다. '똑같은'이라는 단어는 mirror에서 철자 i를 활용하면 됩니다. 바로 identical(똑같은)인데요, identical twins는 '일란성쌍둥이', fraternal twins는 '이란성쌍둥이'입니다. mirror라는 쉬운 단어로 얻은 reflect와 identical, 절대 잊지 마세요.

대표 문장 구조 연습

자, 이번에는 〈M: mirror〉 키워드 문장의 기본 구조를 활용해서 실생활에 쓰이는 다양한 문장들을 만들어보겠습니다. 〈~er than: 보다 더 ~한〉입니다.

친구 중에 힘이 세서 자주 괴롭히는 녀석이 있다면 이렇게 표현하면 됩니다.

He is stronger than I.
그는 나보다 힘이 더 세다.

여행에서 돌아온 남편의 짐을 들어주려는데 생각보다 무거우면 이렇게 말하면 됩니다.

The suitcase is heavier than I thought.
여행용 가방이 생각했던 것보다 더 무겁다.

지금 사정이 안 좋은 회사의 운영 상황이 안 좋을 때 다음과 같이 말하면 됩니다.

The situation is more serious than we imagined.
상황은 우리가 상상했던 것보다 더 심각하다.

그는 나보다 힘이 더 세다.

여행용 가방이 생각했던 것보다 더 무겁다.

상황은 우리가 상상했던 것보다 더 심각하다.

Step 2
내용 학습

자, 이제 〈M: mirror〉 키워드 문장에 어떤 중요한 내용이 들어 있나 확인해볼까요? easy, large와 같은 형용사에 'er'을 붙이면 '더 ~하다.'라는 비교급 표현이 됩니다. 예를 들어보겠습니다.

It is easier for a camel to go through the eye of a needle than for a rich man to enter the kingdom of God.
부자가 천국에 들어가는 것보다 낙타가 바늘구멍을 지나가는 것이 더 쉽다.

The ears of the rabbit are larger than those of a fox.
토끼의 귀는 여우의 귀보다 더 크다.

그런데 최상급과 유사하게 attractive나 dangerous와 같이 음절이 긴 형용사는 뒤에 'er'을 붙이는 것이 아니라 앞에 'more'을 붙입니다.

The woman in the party is more attractive than I guess.
파티장에 있는 그 여자는 내가 추측했던 것보다 더 매력적이다.

The cliff is more dangerous than it looks.
그 낭떠러지는 보이는 것보다 더 위험하다.

비교급 표현	형용사 + er + than

부자가 천국에 들어가는 것보다 낙타가 바늘구멍을 지나가는 것이 더 쉽다.

토끼의 귀는 여우의 귀보다 더 크다.

파티장에 있는 그 여자는 내가 추측했던 것보다 더 매력적이다.

그 낭떠러지는 보이는 것보다 더 위험하다.

Step 3
마무리 문장 10개

자, 이제 〈M: mirror〉 키워드 문장으로 표현할 수 있는 문장들을 정리해보겠습니다.

The apple is bigger than the one in the basket.
그 사과는 바구니에 있는 것보다 더 컸다.

The dam was more enormous than I thought.
그 댐은 내가 상상했던 것보다 더 거대했다.

The first room is three times larger than the second.
첫 번째 방은 두 번째 방보다 세 배 더 크다.

The gentleman is much older than you think.
그 신사는 당신이 생각하는 것보다 훨씬 더 나이가 많다.

My goal is not to be better than anyone else but rather be better than I was yesterday.
나의 목표는 다른 사람보다 나아지는 것이 아니라 어제의 나보다 더 나아지는 것이다.

Negative words destroy a person quicker than you imagine.
부정적인 말은 당신이 상상하는 것보다 더 빨리 한 사람을 파괴시킨다.

Nothing is more beautiful than cheerfulness in your face.
당신 얼굴의 쾌활함보다 더 아름다운 것은 없다.

The rose is prettier than any of the flowers in the garden.
그 장미는 정원의 그 어떤 꽃보다 더 예쁘다.

One leg is shorter than the other.
한쪽 다리가 다른 쪽보다 더 짧다.

What you think of yourself is much more important than what others think of you.
당신이 당신 자신에 대해 생각하는 것이 다른 사람이 당신을 생각하는 것보다 훨씬 더 중요하다.

Check it out!

M » mirror

step 1

"거울 속의 물체는 실제보다 더 가까이 있어."

그는 나보다 힘이 더 세다.

여행용 가방이 생각했던 것보다 더 무겁다.

상황은 우리가 상상했던 것보다 더 심각하다.

Step 2

비교급 표현

1음절 형용사	형용사 + er + than
2음절 이상 형용사	more + 형용사 + than

Step 3

10 sentences!

Newspaper

Q. '신문'이라는 단어를 보면 뭐가 떠오르나요?

I have subscribed to the newspaper for ten years.

나는 10년 동안 그 신문을 구독했다.

Newspaper

I have subscribed to the **newspaper** for ten years.

'신문' 하면 뭐가 떠오르나요? 새벽에 신문 배달하는 사람들이 생각이 날 수도 있고, 지하철역 앞에 놓여 있는 무료 신문 가판대가 떠오를 수도 있을 겁니다. 신문 부고란을 읽다가 우연히 아는 친구가 죽은 사실을 발견한 적이 있을 수도 있고요(I happened to read the 'Obituary' column in the newspaper to find that my friend had died). 신문의 사설 읽기를 좋아했던 경험(My favorite section in the newspaper is the editorials)도 생각날 겁니다. 그런데 신문을 구독하는 사람 중에는 한 신문사의 신문을 10년 이상 구독하는 분들이 꽤 있습니다. 그 내용을 영어로 표현하면 다음과 같습니다.

I have subscribed to the newspaper for ten years.

나는 10년 동안 그 신문을 구독했다.

newspaper라는 단어로 다른 여러 단어를 익혀볼까요? 철자를 이용하여 관련 단어를 몇 개 공부해봅시다. 우선 신문과 관련된 '사설'이 있습니다. newspaper 안에 있는 철자 e를 활용하면 됩니다. editorial(사설)이죠. 또한 신문은 '구독'하는 것인데 '구독하다'는 newspaper안에 있는 철자 s를 이용하면 됩니다. 바로 subscribe(구독하다)입니다. 또한 신문은 '기사'로 구성됩니다. '기사'는 newspaper 안에 있는 철자 a를 이용해 article(기사)임을 기억해봅시다. newspaper라는 단어를 통해 editorial, subscribe, article을 배웠습니다.

대표 문장 구조 연습

자, 이번에는 〈N: newspaper〉 키워드 문장의 기본 구조를 활용해서 실생활에 쓰이는 다양한 문장들을 만들어보겠습니다. 〈have -ed: -해오고 있다.〉입니다.

서울에서 20년을 살았고 지금도 살고 있다면 다음과 같이 말하면 됩니다.

I have lived in Seoul for twenty years.
나는 서울에서 20년 살았다.

한 여자를 오랫동안 사랑했고 지금도 사랑하고 있다면 다음과 같이 표현하면 됩니다.

I have loved the woman for a long time.
나는 그 여자를 오랫동안 사랑했다.

한 회사에서 30년 넘게 일해온 사람이 있다면 이렇게 말하면 됩니다.

He has worked at the company for over thirty years.
그는 30년 넘게 그 회사에서 일했다.

나는 서울에서 20년 살았다.

....

나는 그 여자를 오랫동안 사랑했다.

....

그는 30년 넘게 그 회사에서 일했다.

....

Step 2
내용 학습

자, 이제 〈N: newspaper〉 키워드 문장 안에 있는 중요한 내용을 살펴볼까요? 키워드 문장을 다시 보겠습니다.

I have subscribed to the newspaper for ten years.
나는 10년 동안 그 신문을 구독했다.

신문을 10년 동안 구독했는데 지금까지 여전히 구독하고 있어서 have subscribed를 쓴 것입니다. 이렇게 과거에 시작해 현재까지 동작이나 상황이 계속될 때는 현재완료시제 'have/has + 과거분사(-ed)'를 써서 표현합니다.

과거부터 현재까지 영향을 미치는 현재완료 시제에는 다음과 같이 네 가지 용법이 있습니다.

1. 과거부터 현재까지 행동이 계속 지속되는 경우

I have supported him for a long time.
나는 오랫동안 그를 지지했다.

2. 과거부터 현재까지의 경험

He has met the professor at the university.
그는 그 대학에서 그 교수를 만난 적이 있다.

3. 과거에 한 동작이 현재에 완료된 것

The bus has arrived at the bus stop.
그 버스가 정류장에 도착했다.

4. 과거에 일어난 일의 현재 결과

She has lost her purse.
그녀는 지갑을 잃어버렸다.

잠깐
복습
!

현재완료 시제 have/has + -ed

1. 과거부터 현재까지 지속적인 행동

2. 과거부터 현재까지의 경험

3. 과거에 시작되어 현재에 완료

4. 과거 일의 현재 결과

나는 오랫동안 그를 지지했다.

그는 그 대학에서 그 교수를 만난 적이 있다.

그 버스가 정류장에 도착했다.

그녀는 지갑을 잃어버렸다.

이제 구조 결합 구문을 볼까요?

현재완료 시제와 많이 연결되는 문법 중 하나가 〈L: line〉 키워드 문장에서 공부한 최상급 표현입니다. 문장이 배열되는 순서는 최상급이 먼저 나오고 현재완료가 나중에 나오는 구조로 되어 있습니다. 대부분 최상급 다음에는 내용을 부연 설명하게 돼 있는데, 생략된 접속사가 문장을 이어줍니다. 예문을 볼까요?

This is the stupidest question I've ever been asked.
이것은 내가 받아본 가장 멍청한 질문이다.

⇒ quesion 뒤에 question을 설명하는 현재완료 문장을 연결하고, 두 문장을 연결하는 접속사는 생략되었습니다. 다음 예문들도 모두 같은 원리입니다.

This is the most impressive movie I've ever watched.
이것은 내가 본 가장 인상 깊은 영화다.

This is the most interesting book I've ever read.
이것은 내가 읽어본 가장 재미있는 책이다.

You are the prettiest girl I've ever seen.
당신은 지금까지 내가 본 가장 예쁜 소녀입니다. —영화 〈English Patient〉에서

This is the most difficult letter I've ever had to write.
이것은 내가 써야만 했던 가장 어려운 편지다. —영화 〈What women want〉에서

You are the most beautiful bride I've ever seen.
당신은 내가 본 가장 아름다운 신부입니다. —영화 〈신부 전쟁〉에서

That is the rudest man I've ever seen in my life.
저 사람은 내 인생에서 내가 본 가장 무례한 사람입니다. —영화 〈Ernest Goes to Jail〉에서

You are the most brilliant man I've ever known.
당신은 내가 아는 가장 똑똑한 사람입니다. —영화 〈Nutty Professor 2〉에서

예문에서 보는 것처럼 수많은 영화에서 이러한 구조 결합 문장이 나옵니다. 이 구조 결합도 자꾸 훈련하면 영어 표현이 고급스러워진다는 것을 느낄 수 있을 겁니다.

Step 3
마무리 문장 10개

자, 이제 〈N: newspaper〉 키워드 문장으로 만들 수 있는 문장들을 정리해보겠습니다.

I have arrived at the station.

나는 지금 막 역에 도착했다.

He has been to England.

그는 영국에 갔다 온 적이 있다.

She has ignored people for a long time.

그녀는 오랫동안 사람들을 무시해왔다.

I have stood my alcoholic husband for over ten years.

나는 10년 넘게 알코올중독자 남편을 참아왔다.

Experts have argued about what makes a person happy years.

여러 해 동안 전문가들은 무엇이 사람을 행복하게 만들어주는가에 대해 논쟁해왔다.

I have been to the orchard to pick pears.

배를 따기 위해 그 과수원에 간 적이 있다.

My feet have gone numb with cold.

내 발이 추위로 마비되었다.

He has given me something far more valuable than money.

그는 돈보다 훨씬 중요한 뭔가를 내게 주고 있다.

He hasn't paid me the money he owes me.

그는 내게 빚진 돈을 아직도 갚지 않았다.

Tears have rolled down my cheeks.

눈물이 내 뺨을 타고 흘러내렸다.

Check it out!

N » newspaper

step 1

"나는 10년 동안 그 신문을 구독했어."

나는 서울에서 20년 살았다.

나는 그 여자를 오랫동안 사랑했다.

그는 30년 넘게 그 회사에서 일했다.

Step 2

현재완료 시제: have/has + -ed
과거부터 현재까지 지속적인 행동
과거부터 현재까지의 경험
과거에 시작되어 현재에 완료된 일
과거 일의 현재 결과

Step 3

10 sentences!

최상급 + 현재완료: "이것은 내가 받아본 가장 멍청한 질문이다."
⋯► This is the stupidest question I've ever been asked.

Onion

Q. '양파'라는 단어를 보면 어떤 생각이 떠오르나요?

My eyes are always filled with tears

whenever I peel onions.

양파를 깔 때마다 내 눈은 언제나 눈물로 가득 찬다.

Onion

My eyes are always filled with tears whenever I peel **onion**s.

'양파' 하면 뭐가 떠오르나요? 아무리 만나도 속을 알 수 없는 양파 같은 사람이 생각나기도 하고 중국집에서 자장면이나 짬뽕 먹을 때 주는 단무지와 양파가 떠오르기도 할 것입니다. 중국 요리 프로그램에서 양파 써는 장면을 본 기억이 날지도 모릅니다(I saw him mince the onions). 그러나 양파와 관련된 가장 흔한 경험은 눈물을 흘리며 껍질을 까던 경험일 것입니다. 그 내용을 영어로 표현하면 다음과 같습니다.

My eyes are always filled with tears whenever I peel onions.

양파를 깔 때마다 내 눈은 언제나 눈물로 가득 찬다.

onion이란 단어를 통해 또 다른 단어를 공부해볼까요? onion에 pi를 끼워 넣으면 opinion(의견)이 됩니다. 토론하다 보면 상대방의 반론이 매섭게 느껴질 때가 있잖아요. 그래서 추가된 철자 pi는 '뚫다' '관통하다'라는 뜻의 pierce를 뜻한다고 생각하세요. 상대방의 의견이 내 가슴을 뚫고 지나갈 정도로 강력하다고 생각하면 됩니다. '관통하다'라는 뜻을 가진 또 다른 단어는 pierce처럼 p로 시작합니다. penetrate(관통하다)이지요. penetrate에는 '그물'을 뜻하는 net이 들어 있습니다. 축구선수가 찬 공이 골 네트를 뚫고 지나갈 정도로 강력하다고 상상하면 됩니다.

onion이라는 쉬운 단어를 통해 얻은 opinion, pierce, penetrate를 절대 잊지 마세요.

대표 문장 구조 연습

자, 이번에는 〈O: onion〉 키워드 문장의 기본 구조를 활용해서 실생활에 쓰이는 다양한 문장들을 만들어보겠습니다. 〈whenever ~: ~할 때마다〉입니다.

화가 날 때마다 거울을 꺼내 자신을 들여다보는 습관을 들이면, 화내는 횟수가 점점 줄어들 겁니다.

Take out a mirror and look at yourself whenever anger comes up.
화가 올라올 때마다 거울을 꺼내 자신을 비춰보라.

비가 오면 늘 천장에서 물이 샐까 봐 조마조마한 건 왜일까요?

The roof used to leak whenever it rained.
지붕은 비가 올 때마다 새곤 했다.

언제든지 원할 때 도움을 요청하라는 친절한 말은 어떻게 할 수 있을까요?

You can ask for help whenever you want.
너는 네가 원할 때 언제든지 도움을 요청할 수 있다.

화가 올라올 때마다 거울을 꺼내 자신을 비춰보라.

....

지붕은 비가 올 때마다 물이 새고는 했다.

....

너는 네가 원할 때 언제든지 도움을 요청할 수 있다.

....

Step 2
내용 학습

자, 이제 〈O: onion〉 키워드 문장 안에 어떤 중요한 내용이 들어 있는지 살펴볼까요?

My eyes are always filled with tears whenever I peel onions.

양파를 깔 때마다 내 눈은 언제나 눈물로 가득 찬다.

when에 ever를 붙이면 '~할 때마다' '~할 때는 언제든지 간에'라는 뜻의 접속사가 됩니다. 그래서 'whenever 주어 + 동사'는 '주어가 ~할 때마다' 또는 '주어가 ~할 때는 언제든지 간에'라는 뜻이 되지요. 이 문장은 부가적으로 의미를 더해주는 부사의 역할을 하기 때문에 늘 다른 문장과 함께 붙어서 뜻을 보충해주는 역할을 합니다. 예를 들면,

He bothers me whenever he sees me.

그는 볼 때마다 나를 괴롭힌다.

✚플러스 학습

when 외에도 ever와 결합해서 비슷한 용법으로 쓰이는 접속사들이 있습니다. 함께 알아볼까요?

I don't care wherever you go.

네가 어디를 가든 나는 상관하지 않아.

⇒ where에 ever를 붙이면 '어디에서 ~하든'이란 뜻이 됩니다. where는 e로 끝나기 때문에 ver만 붙이면 됩니다.

Whoever is happy will make others happy.

행복한 사람은 누구든지 다른 사람들을 행복하게 만들어줄 것이다.

⇒ who에 ever를 붙이면 '~하는 사람은 누구든지'라는 뜻이 됩니다.

Never give up whatever you do.

당신이 무엇을 하든 절대 포기하지 마세요.

⇒ what에 ever를 붙이면 '~하는 것은 무엇이든지 간에'라는 뜻이 됩니다.

복합관계사 관계사 + ever

whenever	언제든지 간에
wherever	어디서든지 간에
whoever	누구든지 간에
whatever	무엇이든지 간에

그는 볼 때마다 나를 괴롭힌다.

네가 어디를 가든 나는 상관하지 않아.

행복한 사람은 누구든지 다른 사람들을 행복하게 만들어줄 것이다.

당신이 무엇을 하든 절대 포기하지 마세요.

Step 3
마무리 문장 10개

자, 이제 〈O: onion〉 키워드 문장으로 만들어낼 수 있는 문장들을 정리해보겠습니다. 이번 마무리 문장은 뜻을 추가하는 whenever 문장이 결합해 길이가 길어졌습니다.

I feel nervous whenever I go onto the stage.
무대에 오를 때마다 긴장이 된다.

The other person will want to reciprocate by doing something nice for you, whenever you do something nice for someone else.
당신이 다른 사람을 위해 뭔가 좋은 일을 할 때마다 상대방도 당신을 위해 뭔가 좋은 일을 함으로써 보답하고 싶어 할 것이다.

He feels joyful whenever he listens to the music.
그는 그 음악을 들을 때마다 기쁨을 느낀다.

I become angry whenever he tells me a lie.
그가 나에게 거짓말 할 때마다 화가 난다.

Whenever you have a problem or difficulty of any kind, look upon it as a special opportunity that is sent to help you to become stronger.
당신이 어떤 문제나 어려움을 겪을 때마다, 그것을 당신이 더 강하지도록 돕기 위해 보내진 특별한 기회로 간주하라.

The vast open space reminds me of how small we are whenever I look at the night sky.
밤하늘을 볼 때마다 그 광대한 열린 공간이 나에게 우리가 얼마나 작은 존재인지를 생각나게 한다.

We rarely get bored whenever we are doing something exciting and interesting.
우리가 신나고 재미있는 뭔가를 할 때는 거의 지루함을 느끼지 않는다.

I would stop by my favorite coffee shop whenever I feel gloomy.
우울한 기분이 들 때마다 나는 내가 좋아하는 카페에 들르곤 한다.

You experience stress whenever you procrastinate, especially on important tasks.
당신이 일을 지연시킬 때마다, 특히 중요한 일을 지연시킬 때마다 당신은 스트레스를 겪게 된다.

Try to carry a little photo album that has a picture of your kids whenever you travel for business.

출장을 갈 때마다 아이들 사진이 담긴 작은 앨범을 가지고 다니도록 애써보세요.

Onion

Check it out!

O » onion

step 1

"양파를 깔 때마다 내 눈은 언제나 눈물로 가득 차."

화가 올라올 때마다 거울을 꺼내 자신을 비춰보라.

지붕은 비가 올 때마다 물이 새고는 했다.

너는 네가 원할 때 언제든지 도움을 요청할 수 있다.

Step 2

복합관계사

whenever	언제든지 간에
wherever	어디서든지 간에
whoever	누구든지 간에
whatever	뭐든지 간에

Step 3

10 sentences!

Q. '연필'이라는 단어를 보면 어떤 기억이 떠오르나요?

I cut my finger while sharpening the pencil.

나는 연필을 깎다가 손가락을 베었다.

Pencil

I cut my finger while sharpening the **pencil**.

'연필' 하면 떠오르는 이미지가 뭐가요? 지금도 원고지에 연필로 글을 쓰는 작가가 생각날 수도 있고, 몽당연필들을 담아둔 필통이 떠오르기도 할 겁니다. 연필이 책상 밑으로 굴러떨어진 것을 본 기억도 있을 것이고(The pencil rolled down the desk), 손가락 사이로 연필을 돌려본 경험도 있을 겁니다(I used to roll a pencil between my fingers). 하지만 한 번쯤 연필을 깎다가 손가락을 벤 경험을 해본 적은 없으신가요? 그 내용을 영어로 표현하면 다음과 같습니다.

I cut my finger while sharpening the pencil.

나는 연필을 깎다가 손가락을 베었다.

연필을 잘 깎아서 연필심이 멋있게 나오면 글이 잘 써졌던 기억이 새삼 떠오르네요.

pencil이라는 단어로 새로운 단어를 공부해봅시다. 우선 연필과 관련이 있는 '연필심'은 pencil lead라고 합니다. lead는 '이끌다'라는 뜻도 있지만 명사로 쓰면 '납'으로도 쓰입니다. 연필의 연이 '납 연(鉛)' 자입니다. 연필심은 주로 흑연으로 만들어지는데 흑연은 'graphite'입니다. 연필심을 자꾸 쓰면 뭉툭해지겠죠? '뭉툭한'은 blunt입니다. 자, pencil이라는 쉬운 단어를 통해 '납'을 뜻하는 lead, '흑연'을 뜻하는 graphite, '뭉툭한'을 뜻하는 blunt를 배웠으니 이 단어들을 실생활에 많이 활용하시기 바랍니다. pencil과 lead, graphite, blunt 반드시 기억하세요.

대표 문장 구조 연습

자, 이번에는 〈P: pencil〉 키워드 문장의 기본 구조를 활용해서 실생활에 쓰이는 다양한 문장들을 만들어보겠습니다. 〈while -ing: -하는 도중에〉입니다.

길을 걸어 가다가 넘어져서 쓰러졌다면 다음과 같이 표현하면 됩니다.

I fell down on the ground while walking in the alley.
나는 골목길을 걷다가 넘어져서 땅바닥에 쓰러졌다.

신문 기사를 읽다가 감동적인 내용을 만났다면 다음과 같이 말하면 됩니다.

I was deeply moved by the story while reading the article.
나는 기사를 읽다가 그 이야기에 깊은 감동을 느꼈다.

집에서 드라마를 보다가 자신도 모르게 잠이 든 경험 있지요. 그 내용을 영어로 표현하면 다음과 같습니다.

I fell asleep while watching the drama.
나는 그 드라마를 보다가 잠들었다.

나는 골목길을 걷다가 넘어져서 땅바닥에 쓰러졌다.

....

나는 기사를 읽다가 그 이야기에 깊은 감동을 느꼈다.

....

나는 그 드라마를 보다가 잠들었다.

....

Step 2
내용 학습

자, 이제 〈P: pencil〉 키워드 문장 안에 들어 있는 중요한 내용을 살펴볼까요?
while은 '~하는 동안에'라는 접속사로서 원칙적으로 뒤에 주어, 동사를 가지게 됩니다. 그런데 while 문장의 주어가 이어지는 문장의 주어와 같고 be동사와 함께 쓰였다면 주어와 be동사를 함께 생략해도 됩니다. 〈D: dog〉 키워드 문장과 다른 점은 〈D: dog〉 키워드에서 if, when, unless 접속사 뒤에 -ed(과거분사)가 나왔다면, 〈P: pencil〉 키워드 문장에서는 while 다음에 -ing(현재분사)가 나온다는 점입니다.

두 키워드 문장을 함께 비교해볼까요?

Dogs can become aggressive if provoked.
개들은 자극을 받으면 공격적이 될 수 있다.

I cut my finger while sharpening the pencil.
나는 연필을 깎다가 손가락을 베었다.

위에서 보는 것처럼 〈D: dog〉 키워드 문장은 if 다음에 과거분사 provoked가 쓰였고, 〈P: pencil〉 키워드 문장은 while 다음에 현재분사 sharpening이 쓰인 걸 알 수 있습니다. 이건 그 문장의 주어가 provoke와 sharpen이라는 행동을 능동적으로 했는지, 수동적으로 당했는지 여부에 달려 있습니다. 확인을 위해서 if와 while이라는 접속사 뒤에 생략된 주어와 be동사를 다시 살려보겠습니다.

Dogs can become aggressive if they are provoked.
개들은 자극을 받으면 공격적이 될 수 있다.

I cut my finger while I was sharpening the pencil.
나는 연필을 깎다가 손가락을 베었다.

이제 차이점을 알고 구별할 수 있을 것 같나요? 예문을 보며 익히시기 바랍니다.

He ate the Chinese food while playing the computer game.

그는 컴퓨터 게임을 하면서 중국 음식을 먹었다.

⇒ while 다음에 he was가 생략되었습니다. 그는 게임을 능동적으로 '하는 것'이니 현재분사 playing 을 사용했습니다.

They tried to find the evidence while looking around the crime scene.

그들은 범죄 현장을 둘러보면서 증거를 찾으려고 애썼다.

⇒ while 다음에 they were가 생략되었습니다. 역시 그들이 능동적으로 '둘러보는 것'이니 현재분사 looking을 썼습니다.

She listened to her favorite music while taking a walk.

그녀는 산책을 하면서 좋아하는 음악을 들었다.

⇒ while 다음에 she was가 생략되었습니다. 그녀는 능동적으로 '걷는 것'이니 현재분사가 왔네요.

부사절 접속사 뒤의 주어 + be동사 생략

주어가 능동적으로 행동할 경우: –ing(현재분사) 남기기

주어가 수동적으로 당할 경우: –ed(과거분사) 남기기

그는 컴퓨터 게임을 하면서 중국 음식을 먹었다.

그들은 범죄 현장을 둘러보면서 증거를 찾으려고 애썼다.

그녀는 산책을 하면서 좋아하는 음악을 들었다.

이제 구조 결합 구문을 볼까요?

'while + -ing: -하는 동안에' 문법과 많이 연결되는 문법 중 하나가 〈K: key〉 키워드 문장에서 공부한 'remember + -ing' 문법입니다. while 뒤에는 어떤 장면을 설명하게 되므로 그 내용을 기억하는 내용이 되겠습니다. 예문을 통해 만들어보겠습니다.

여자친구 자취방의 전구를 갈아 끼우다가 바퀴벌레를 보고 기겁한 상황을 설정해보겠습니다. 나는 바퀴벌레를 본 기억이 난다(I remember seeing a cockroach) + 나는 그 방에서 전구를 교체하던·중이었다(I was replacing a light bulb in the room). 두 문장을 while로 연결한 뒤 주어 + be동사를 생략하면 되겠죠?

I remember seeing a cockroach while replacing a light bulb in the room.
그 방에서 전구를 교체하다가 바퀴벌레를 본 기억이 난다.

도서관에서 책을 읽다가 평생에 간직할 구절을 발견한 상황을 표현해볼까요? 내가 인상적인 구절을 발견한 기억이 난다(I remember finding an impressive) + 나는 도서관에서 책을 읽는 중이었다(I was reading the book in the library). 두 문장을 연결하면 다음과 같습니다.

I remember finding an impressive sentence while reading the book in the library.
도서관에서 그 책을 읽다가 인상적인 한 문장을 발견한 기억이 난다.

마지막 문장은 직접 만들어보시기 바랍니다. 회의에 참석하는 중에 모욕을 당했던 것이 기억난다고 해봅시다. 어떻게 표현할까요?

⇨ I remember being insulted while attending the meeting.
회의에 참석했다가 모욕을 당한 기억이 난다.

Step 3
마무리 문장 10개

이제 〈P: pencil〉 키워드 문장으로 만들어낼 수 있는 문장들을 정리해보겠습니다.

She crossed her legs while talking on the phone.
그녀는 통화하는 동안에 다리를 꼬고 앉았다.

He tried to find her intention while listening to her.
그녀의 말을 듣는 동안에 그는 그녀의 의도를 찾아내려고 애썼다.

He listened to the weather forecast while driving the car.
그는 운전하는 동안에 일기예보에 귀를 기울였다.

You should not slight what's near while aiming at what's far.
멀리 있는 것을 겨냥하고 있는 동안에도 가까이 있는 것을 가볍게 봐서는 안 된다.

We are losing something valuable while accumulating material wealth.
우리가 물질적 부를 축적하고 있는 동안에 우리는 뭔가 소중한 것을 잃어버리고 있다.

I came up with good ideas while talking to my brother.
동생과 이야기하는 동안에 나는 좋은 아이디어가 떠올랐다.

I'd sit on the bench in the park while waiting for my friend to come.
내 친구가 오는 걸 기다리는 동안에 나는 공원 벤치에 앉아 있곤 했다.

I happened to meet a friend of mine while walking down the street.
거리를 걸어가는 동안에 우연히 친구를 만나게 되었다.

He had an accident while driving in a blizzard.
그는 눈보라 속에서 운전하다 사고를 당했다.

He scanned the newspaper while having his breakfast.
그는 아침을 먹으면서 신문을 훑어 봤다.

Check it out!

P » pencil

step 1

"나는 연필을 깎다가 손가락을 베었어."

그는 컴퓨터 게임을 하면서 중국 음식을 먹었다.

그들은 범죄 현장을 둘러보면서 증거를 찾으려고 애썼다.

그녀는 산책을 하면서 좋아하는 음악을 들었다.

Step 2

접속사 뒤의 주어 + be동사 생략하기

주어가 능동적으로 행동할 때: -ing(현재분사) 남기기

주어가 수동적으로 당할 때: -ed(과거분사) 남기기

Step 3

10 sentences!

While -ing + I remember :

"그 방에서 전구를 교체하다가 바퀴벌레를 본 기억이 난다."

⋯› I remember seeing a cockroach while replacing a light bulb in the room.

Q. '질문'이라는 단어를 보면 어떤 상황이 떠오르나요?

Consider the question carefully before you respond.

대답하기 전에 질문을 잘 생각해보세요.

Step 1
키워드와 대표 문장

Question
Consider the **question** carefully before you respond.

'질문' 하면 뭐가 제일 먼저 떠오르나요? 학창 시절에 선생님 질문에 답을 못해서 얼굴이 화끈거렸던 기억부터 어려운 수학 문제(question)를 풀었을 때 느꼈던 희열감까지 여러 가지 생각이 떠오를 겁니다. 선생님이 질문했을 때 동시에 두 학생이 답한 경험이 있을지도 모르겠네요(Two students answered the teacher's question simultaneously). 그러나 질문을 받고 엉뚱한 답변을 한 것 같아 마음이 찜찜했던 경험을 누구나 한 번쯤 해봤을 겁니다. 그런 실수를 줄이려면 어떻게 해야 될까요? 그 내용을 영어로 옮기면 다음과 같습니다.

Consider the question carefully before you respond.
대답하기 전에 질문을 잘 생각해보세요.

이 문장이 머릿속에 있으면 질문을 받고 경솔한 답변을 하지 않을 수 있을 겁니다.

question이란 단어로 여러 단어들을 같이 공부해볼까요? '질문'이란 뜻의 question에는 '추구'라는 뜻의 quest가 들어 있습니다. 질문은 결국 답을 추구하기 위한 과정이 잖아요. 광개토대왕, 알렉산더 대왕, 칭기즈 칸의 공통점은 정복을 추구했다는 것입니다. 정복은 quest라는 단어 앞에 con만 붙이면 됩니다. '정복하다'라는 뜻의 동사는 conquest(conquer)입니다. '정복자'는 conqueror이죠. question이란 쉬운 단어로 어려운 단어를 이렇게 재미있게 공부하면 머릿속에 오래 남습니다. question으로 얻은 quest, conquest, conquer, conqueror 꼭 머릿속에 저장하세요.

대표 문장 구조 연습

자, 이번에는 〈Q: question〉 키워드 문장의 기본 구조를 활용해서 실생활에 쓰이는 다양한 문장들을 만들어보겠습니다. 〈before ~: ~하기 전에〉입니다.

아침 먹기 전에 아이들에게 손을 씻으라고 말하려면 다음과 같이 표현하면 됩니다.

Wash your hands before you eat breakfast.
저녁 먹기 전에 손을 씻어라.

사무실에서 나가기 전에 불을 다 끄라고 직원에게 지시하려면 다음과 같이 말하면 됩니다.

Turn off all the lights before you leave the office.
사무실 나가기 전에 모든 등을 꺼라.

선생님이 학생들에게 교실을 청소하기 전에 창문을 열어 공기를 먼저 환기시키라고 말하려고 한다면 다음과 같이 표현하면 됩니다.

Ventilate the air before you clean the classroom.
교실을 청소하기 전에 공기를 환기시켜라.

저녁 먹기 전에 손을 씻어라.

......

사무실 나가기 전에 모든 등을 꺼라.

......

교실을 청소하기 전에 공기를 환기시켜라.

......

Step 2
내용 학습

자, 이제 〈Q: question〉 키워드 문장 안에 있는 중요한 내용을 살펴보겠습니다. 우선 위에서 예를 든 3개의 문장은 wash, turn, ventilate와 같이 동사로 시작합니다. 영어에서는 주어 없이 동사가 먼저 시작하면 명령문이 됩니다. 예를 들어볼까요?

Make your parents happy. 네 부모님을 행복하게 해드려라.

Quit being negative to yourself. 자신에 대한 부정적인 태도를 그만두어라.

이런 명령문 다음에 before나 when 같은 부사절이 많이 쓰입니다. 그런데 '~전에'라는 뜻을 가진 before는 아직 동작이 이루어지지 않아서 미래의 일이라고 하더라도 현재 시제를 써야합니다. '~했을 때'라는 뜻을 가진 when도 마찬가지입니다.

Let me know in advance before you visit the museum.

박물관 방문하기 전에 사전에 미리 제게 알려주세요.

Don't hesitate to ask me when you have any questions.

질문이 있을 때는 주저하지 말고 물어주세요.

⇒ before과 when 다음에 will이 아닌 현재 동사가 쓰였음을 알 수 있습니다.

명령문 주어 없이 동사 원형으로 시작하는 문장

네 부모님을 행복하게 해드려라.

자신에 대한 부정적인 태도를 그만 두어라.

박물관 방문하기 전에 사전에 미리 제게 알려주세요.

질문이 있을 때는 주저하지 말고 물어주세요.

Step 3
마무리 문장 10개

자, 이제 〈Q: question〉 키워드 문장으로 만들어낼 수 있는 문장들을 정리해보겠습니다.

Apologize to your friend before it is too late.
너무 늦기 전에 친구에게 사과하세요.

Check the expiration date on canned food when you buy it.
통조림 식품을 살 때 만료일을 꼭 살펴보세요.

Count to ten before you speak when you are angry.
화가 날 때는 말하기 전에 10까지 세어보세요.

Hear both sides before you judge.
판단하기 전에 양쪽 말을 다 들어보세요.

Make sure your passport is still valid before you buy your plane ticket to go abroad.
해외 여행 비행기 표를 사기 전에 당신의 여권이 여전히 유효한지 확인하세요.

Organize your thoughts before you start writing.
글쓰기를 시작하기 전에 당신의 생각을 정리하세요.

Read the contract minutely before you sign it.
계약서에 서명하기 전에 꼼꼼하게 읽으세요.

Remember to close the windows before you leave work.
일터를 떠나기 전에 창문 닫는 것을 기억하세요.

Show the security ID card before you enter the building.
건물에 들어가기 전에 보안요원에게 신분증을 보여주세요.

Try to keep a diary before you finish your day.
하루를 끝내기 전에 일기를 쓰려고 애써보세요.

Question

Check it out!

Q » question

step 1

"대답하기 전에 질문을 잘 생각해보세요."

저녁 먹기 전에 손을 씻어라.

사무실 나가기 전에 모든 등을 꺼라.

교실을 청소하기 전에 공기를 환기시켜라.

Step 2

명령문: 주어 없이 동사 원형으로 시작하는 문장

Step 3

10 sentences!

Rose

Q. '장미'라는 단어를 보면 뭐가 떠오르나요?

The fragrance of a rose is so sweet that
it can fill the entire room.

장미꽃 향기가 너무 달콤해서 방 안을 가득 채웠다.

Rose

The fragrance of a **rose** is so sweet that
it can fill the entire room.

'장미' 하면 뭐가 떠오르나요? 장미꽃에 들어 있는 가시(thorn)가 생각나기도 하고 결혼기념일이나 생일날 선물로 장미꽃을 받은 기억이 떠오르기도 할 것입니다. 장미꽃이 시들어 땅에 떨어진 것을 본 적도 있을 겁니다(The rose withered in the sun and the petals fell off). 친구의 사무실이나 거실에 들어섰을 때 장미꽃 향기가 공간에 가득차서 마음이 환해졌던 경험을 한 적도 있을 텐데요. 그 내용을 영어로 옮기면 다음과 같습니다.

The fragrance of a rose is so sweet that
it can fill the entire room.

장미꽃 향기가 너무 달콤해서 방 안을 가득 채웠다.

이 문장만 봐도 향기가 폴폴 나는 것 같지 않나요?

rose라는 단어로 다른 단어들을 공부해볼까요? 장미꽃을 소재로 해서 멋진 '산문'을 쓴다고 생각해보세요. '산문'은 rose라는 단어에 p를 붙여 prose가 됩니다. 산문이라는 뜻을 가진 단어를 알았으니 '운문'이라는 단어로 알아야겠지요. '우주'를 뜻하는 universe를 이용하면 됩니다. 별이 총총한 밤하늘의 우주를 보고 멋진 시를 쓴다고 상상해보세요. '운문'은 universe 안에 있는 verse입니다. rose라는 단어를 볼 때마다 항상 prose, verse를 떠올려야 합니다. 그래야 회화를 할 때도 이 단어들이 떠오릅니다.

대표 문장 구조 연습

자, 이번에는 〈R: rose〉 키워드 문장의 기본 구조를 활용해서 실생활에 쓰이는 다양한 문장들을 만들어보겠습니다. 〈so ~ that: 너무 ~해서 -하다.〉입니다.

날씨가 너무 더우면 어디 계곡이나 강에서 수영하고 싶은 생각이 들 겁니다. 이것을 영어로 표현하면 다음과 같습니다.

It is so hot that I feel like swimming.
날씨가 너무 더워서 나는 수영하고 싶은 생각이 든다.

직원이 너무 속을 썩이니까 그 직원을 확 잘라버리고 싶은 사장님의 마음은 다음과 같이 표현하면 됩니다.

I am so angry with his behavior that I really want to fire him.
나는 그의 행동에 너무 화가 나서 그를 해고하고 싶다.

파티장의 한 여성이 너무 아름다워서 많은 사람의 시선을 끌었다면 다음과 같이 표현하면 됩니다.

She was so beautiful that she attracted attention from everyone in the party.
그녀는 너무 아름다워서 파티장의 모든 사람들의 시선을 끌었다.

날씨가 너무 더워서 나는 수영하고 싶은 생각이 든다.

....

나는 그의 행동에 너무 화가 나서 그를 해고하고 싶다.

....

그녀는 너무 아름다워서 파티장의 모든 사람들의 시선을 끌었다.

....

Rose

Step 2
내용 학습

자, 이제 〈R: rose〉 키워드 문장 안에 들어 있는 중요한 내용을 살펴볼까요?
〈R: rose〉 키워드 문장에서 보는 것처럼 so 다음에 형용사를 쓰고 that 문장을 쓰면 '너무 ~해서 -하다.'라는 뜻의 강조 구문이 됩니다. 예문으로 연습해보겠습니다.

He is so diligent that he can attain his goals in the near future.
그는 아주 부지런해서 가까운 미래에 그의 목표를 달성할 수 있다.

My cousin was so diligent that he could earn a lot of money in a short period of time.
내 사촌은 아주 부지런해서 짧은 시간에 많은 돈을 벌 수 있었다.

⇒ so와 that 사이에는 형용사나 부사 둘 중 하나의 품사가 들어갑니다. 그것을 결정하는 건 앞에 있는 동사의 성격인데 be동사는 항상 뒤에 형용사를 가지고 옵니다.

so ~ that 강조 구문 so + 형용사/부사+ that…

그는 아주 부지런해서 가까운 미래에 그의 목표를 달성할 수 있다.

내 사촌은 아주 부지런해서 짧은 시간에 많은 돈을 벌 수 있었다.

이번에는 'too ~ to' 용법을 알아볼까요? too ~ to 용법은 so ~ that 형식과 반대의 의미를 표현하는 구문입니다. '너무 ~해서 -할 수 없다.'라는 뜻이지요. 예문을 볼까요?

I'm too tired to focus on class.
나는 너무 피곤해서 수업에 집중할 수 없다.

I'm too sleepy to study.
나는 너무 졸려서 공부할 수 없다.

She is too poor to buy the groceries.
그녀는 너무 가난해서 식료품을 살 수 없다.

보시는 것처럼 too 다음에는 형용사, to 다음에는 동사 원형을 쓰는 모양입니다.

too to 구문 too + 형용사/부사+ to-

나는 너무 피곤해서 수업에 집중할 수 없다.

나는 너무 졸려서 공부할 수 없다.

그녀는 너무 가난해서 식료품을 살 수 없다.

이제 구조 결합 구문을 볼까요?

'so ~ that' 용법과 많이 연결되는 문법 중 하나가 〈F: floor〉 키워드 문장에서 공부한 '가주어-진주어' 문법입니다. 접속사 that 뒤에 이어지는 문장에 '가주어-진주어' 구문을 사용하여 내용을 표현하는 것입니다. 예를 들어보겠습니다.

그는 너무 과묵해서 그에게 말을 붙이는 것은 쉽지 않다라는 문장을 어떻게 표현할수 있을까요? 그는 너무 과묵하다(He is so taciturn) + 그에게 말을 붙이는 것(to talk to him)은 쉽지 않다(is not easy)라는 두 문장을 that으로 연결하면 됩니다.

He is so taciturn that it is not easy to talk to him.
그는 너무 과묵해서 그에게 말을 붙이는 것은 쉽지 않다.

다음 문장은 어떻게 만들어졌을까요?

The mountain is so high that it is impossible for him to climb it.
그 산은 너무 높아서 그가 올라가는 것은 불가능하다.

산이 너무 높다(The mountain is so hish) + 그가 올라가는 것은 불가능하다(It it impossible for him to climb it)의 두 문장을 that으로 연결했네요.

마지막 문장은 직접 만들어보시기 바랍니다. 짐이 너무 무거워서 택시를 불러야 하는 상황을 표현해 볼까요?

짐이 너무 무거워서 내가 택시를 부르는 것이 필요했다.

⇒ The baggage was so heavy that it was necessary for me to call the cab.

실제 대화에서 'so ~ that' 다음에 일반 주어가 아닌 가주어 it을 써서 말하는 것은 쉽지 않습니다. 이 구조 결합 문장으로 훈련을 많이 하시기 바랍니다.
구조 결합 문장은 일부러 문장을 길게 하라는 것이 아니라 그렇게 표현할 필요가 있을 때 쉽게 되지 않기 때문에 미리 연습해서 익혀두자는 것입니다. 꼭 실용 영어에서 활용하기 바랍니다.

Step 3
마무리 문장 10개

이제 〈R: rose〉 키워드 문장으로 만들어낼 수 있는 문장들을 정리해보겠습니다.

He was so afraid that he could not climb the cliff.

그는 너무 무서워서 절벽을 오를 수 없었다.

She is so stubborn that nobody can persuade her.

그녀는 너무 고집이 세서 아무도 그녀를 설득할 수가 없다.

He was so hot that he plunged into the river.

그는 너무 더워서 강으로 뛰어 들었다.

She was so ashamed that she wanted to cry.

그녀는 너무 부끄러워 울고 싶었다.

He was so fat that he looked as though he had been blown up with a powerful pump.

그는 너무 뚱뚱해서 마치 강력한 펌프로 부풀려진 것처럼 보였다.

The lesson was so important that I decided to write a book about it.

그 교훈은 너무 중요해서 나는 그것에 대해 책을 쓰기로 결심했다.

The belief in democracy was so strong that he sacrificed his life for it.

민주주의에 대한 그의 믿음이 너무 강력해서 그는 그의 목숨을 희생했다.

The floor of the waiting room was so slippery that he almost fell.

대기실 바닥이 너무 미끄러워 그는 넘어질 뻔했다.

It was so dark that I didn't know where to go.

주변이 너무 어두워서 나는 어디로 가야 할지 몰랐다.

She felt so dizzy that she could not stand.

그녀는 너무 어지러워서 서 있을 수가 없었다.

Check it out!

R » rose

step 1

"장미꽃 향기가 너무 달콤해서 방 안을 가득 채웠어."

날씨가 너무 더워서 나는 수영하고 싶은 생각이 든다.

나는 그의 행동에 너무 화가 나서 그를 해고하고 싶다.

그녀는 너무 아름다워서 파티장의 모든 사람들의 시선을 끌었다.

Step 2

so ~ that 구문   너무 ~해서 -하다.
too ~ to 구문   너무 ~해서 -할 수 없다.

Step 3

10 sentences!

so ~ that + 가주어 - 진주어:

"그는 너무 과묵해서 그에게 말을 붙이는 것은 쉽지 않다."

···→ He is so taciturn that it is not easy to talk to him.

Student

Q. '학생'이라는 단어를 보면 뭐가 떠오르나요?

The student was suspended for the fact that
he cheated on the exam.

그 학생은 부정행위를 한 사실 때문에 정학 처분을 받았다.

Student

The **student** was suspended for the fact that
he cheated on the exam.

'학생'이라는 말을 들으면 뭐가 떠오르나요? 도서관에서 열심히 공부하는 학생이 생각나기도 하고 수업 후 교문 입구에서 밀물처럼 한꺼번에 쏟아져 나오는 학생들이 떠오르기도 할 겁니다. 선생님이 칭찬해주면 학생들은 더 열심히 공부하게 되죠(Praise stimulates students to study hard). 그러나 무엇보다 학창시절 시험시간에 부정행위를 하다 적발된 학생을 본 경험은 매우 인상적일 것입니다. 그 내용을 영어로 옮기면 다음과 같습니다.

The student was suspended for the fact that
he cheated on the exam.

그 학생은 부정행위를 한 사실 때문에 정학 처분을 받았다.

student라는 단어로 다른 단어를 배워볼까요? 학생은 공부한 내용이 머리에 쏙 박히길 원할 겁니다. '박다'라는 단어는 student라는 단어 안에 있는 'stud'입니다. The crown is studded with diamonds(그 왕관은 다이아몬드가 박혀 있다), 라는 예문으로 stud라는 단어를 이해하면 됩니다. student에는 '움푹 들어가게 하다'라는 뜻의 'dent'도 들어 있습니다. 열심히 시험공부를 했는데 결과가 나쁘면 가슴 한구석이 움푹 들어간 것같이 좋지 않겠죠. The back of the car was badly dented in the collision(그 충돌로 차량 뒷부분이 심하게 움푹 들어갔다), 라는 예문으로 'dent'라는 단어를 머릿속에 넣으세요. student라는 쉬운 단어로 얻은 stud, dent 꼭 기억하세요.

대표 문장 구조 연습

자, 이번에는 〈S: student〉 키워드 문장의 기본 구조를 활용해서 실생활에 쓰이는 다양한 문장들을 만들어보겠습니다. 〈the fact that ~: ~라는 사실〉입니다.

지인에게 소개받아서 알게 된 사람이 나중에 사기꾼으로 밝혀졌다면 다음과 표현하면 됩니다.

I didn't know the fact that he was a fraud.
나는 그가 사기꾼이었다는 사실을 몰랐다.

알고 지내던 사람이 처음에 몰랐는데 알고 보니 시인이었다는 사실에 깊은 인상을 받았다면 이렇게 말하면 됩니다.

I was deeply impressed by the fact that he was a poet.
나는 그가 시인이었다는 사실에 깊은 인상을 받았다.

알고 지내던 사람의 인생이 갑자기 바뀌었다는 사실에 충격을 받았다면 다음과 같이 말하면 됩니다.

I was shocked by the fact that his life changed so suddenly.
나는 그의 인생이 그렇게 갑자기 바뀌었다는 사실에 충격을 받았다.

나는 그가 사기꾼이었다는 사실을 몰랐다.

나는 그가 시인이었다는 사실에 깊은 인상을 받았다.

나는 그의 인생이 그렇게 갑자기 바뀌었다는 사실에 충격을 받았다.

Student

자, 이제 〈P: pencil〉 키워드 문장 안에 들어 있는 중요한 내용을 살펴볼까요?

fact라는 단어는 뒤에 that을 써서 '~라는 사실'이라는 의미를 만들어냅니다. that 다음에는 주어, 동사를 써야 합니다. 그럼 〈E: elevator〉 키워드 문장 안에 있었던 that과 student 키워드 문장 안에 있는 that은 어떤 차이가 있을까요? 우선 문장을 다시 불러오겠습니다.

An elevator is a small room that carries people or good up and down in tall buildings.

엘리베이터는 높은 건물에서 사람들이나 물건을 위아래로 나르는 작은 공간이다.

〈E: elevator〉 키워드 문장은 다음과 같은 두 개의 문장에서 중복되는 room을 '대명사'인 that으로 '관계'시켜 한 문장으로 만들었기에 이때의 that을 '관계대명사'라고 합니다.

An elevator is a small room. + The room carries people or goods up and down in tall buildings.

반면 〈S: student〉 키워드 문장은 중복되는 단어는 없지만 that 문장의 내용이 앞에 있는 fact의 내용에 해당하면서 '~라는 사실'의 의미를 만들어냅니다. 이처럼 두 개의 내용을 동일하게 연결시켜주는 that을 '동격 접속사'라고 합니다.

키워드 문장을 다시 보면,

The student was suspended for the fact that he cheated on the exam.

그 학생은 부정행위를 한 사실 때문에 정학 처분을 받았다.

that 다음에 나오는 문장이 곧 fact의 내용을 설명하는 '동격'의 문장인 것을 알 수 있습니다.

✚플러스 학습

이렇게 fact와 같은 기능으로 쓰이는 단어로 evidence와 possibility가 있습니다. 똑같이 뒤에는 evidence(증거)에 해당하는 내용이, possibiliry(가능성)에 대한 내용 즉, 동격 문장이 붙습니다. 예문을 볼까요?

There is no evidence that he stole the money.
그가 그 돈을 훔쳤다는 증거는 없다.

There is no possibility that she will recover from the illness.
그녀가 병에서 회복될 가능성은 없다.

evidence와 possibility의 내용이 무엇인지 뒤의 that 문장에서 설명하고 있습니다.

fact, evidence, possibility + 동격의 that 절

그가 그 돈을 훔쳤다는 증거는 없다.

....

그녀가 병에서 회복될 가능성은 없다.

....

이제 구조 결합 구문을 볼까요?

동격 접속사 that 문법과 가장 많이 연결되는 문법 중 하나가 〈A: album〉 키워드 문장에서 공부한 remind 구문입니다. 우선 'remind + 목적어 + of' 다음에 동격 접속사에 자주 쓰이는 명사 evidence, fact, possibility를 쓰고 동격 접속사 that을 쓰는 순서로 문장을 배열하면 됩니다.

'영화를 보고서 진정한 사랑은 아주 소중한 것이라는 사실을 상기'한 것을 표현해볼까요? 그 영화는 내게 사실을 생각나게 한다(The movie reminds me of the fact). + 진정한 사랑이란 아주 소중하다(True love is very valuable). 두 문장을 동격의 that으로 연결하면 되겠지요.

The movie reminds me of the fact that true love is very valuable.
그 영화는 내게 진정한 사랑이란 아주 소중한 것이라는 사실을 상기시킨다.

같은 원리로 '경험을 통해 예방이 최선의 치료라는 사실을 되새긴' 내용을 만들어볼까요?

The experience reminds me of the fact that prevention is the best cure.
그 경험은 내게 예방이 최선의 치료라는 사실을 상기시킨다.

마지막으로 '교훈은 나에게 상호 존중이 중요하다는 사실을 상기시킨' 내용을 만들어보시기 바랍니다.

The lesson reminds me of the fact that mutual respect is important.
그 교훈은 내게 상호 존중이 중요하다는 사실을 상기시킨다.

예문을 이해하기 쉽게 명사 fact를 사용하여 연습해보았습니다. evidence와 possibility까지 사용해서 구조 결합 문장을 직접 만들어보세요.

Step 3

마무리 문장 10개

이제 〈S: student〉 키워드 문장으로 만들어낼 수 있는 문장들을 정리해보겠습니다.

You must accept the fact that you lost the game.

당신은 경기에서 졌다는 사실을 받아들여야 합니다.

He was shocked by the fact that his life changed so suddenly.

그는 자신의 삶이 그렇게 갑자기 바뀌었다는 사실에 충격을 받았다.

We need to enjoy the fact that we are alive.

우리는 살아 있다는 사실을 즐길 필요가 있다.

Think about the fact that you are healthy enough to work.

당신이 일을 할 수 있을 정도로 건강하다는 사실에 대해 생각해보세요.

I was deeply impressed by the fact that she was a sculptor.

나는 그녀가 조각가라는 사실에 깊은 인상을 받았다.

We face the fact that we all must die.

우리 모두는 다 죽는다는 사실에 직면하게 된다.

It is hard to deny the fact that honor won't last.

명예는 지속되지 않는다는 사실을 부인하기는 어렵다.

Take comfort in the fact that you are not alone.

당신이 혼자가 아니라는 사실에서 위안을 얻으세요.

I lament the fact that I don't fully understand the meaning of the teaching.

나는 그 가르침의 의미를 충분히 이해하지 못하고 있다는 사실이 한탄스럽다.

I thank her for the fact that she has devoted her entire life to helping the poor.

나는 그녀가 자신의 전 생애를 가난한 사람들을 도와주는 데 바쳤다는 사실에 감사한다.

Check it out!

S » student

step 1

"그 학생은 부정행위를 한 사실 때문에 정학 처분을 받았어."

나는 그가 사기꾼이었다는 사실을 몰랐다.

나는 그가 시인이었다는 사실에 깊은 인상을 받았다.

나는 그의 인생이 그렇게 갑자기 바뀌었다는 사실에 충격을 받았다.

Step 2

동격의 that 절

명사(fact, evidence, possibility) + that…

Step 3

10 sentences!

remind of + that:

"그 영화는 진정한 사랑이란 아주 소중한 것이라는 사실을 생각나게 한다."

···→ The movie reminds me of the fact that true love is very valuable.

Theater

Q. '극장'이라는 단어를 보면 뭐가 떠오르나요?

The movie was about to begin when we stepped
into the theater.

극장에 들어섰을 때 영화가 막 시작하려 했다.

Theater

The movie was about to begin when we stepped into the **theater**.

'극장' 하면 뭐가 떠오르나요? 영화를 상영하는 영화관도 떠오를 것이고 연극을 공연하는 무대도 떠오를 것입니다. 인기 있는 영화를 보기위해 사람들이 길게 줄을 서고 있는 모습도 생각날 겁니다. 영화가 끝난 후 사람들이 밀물처럼 빠져나오는 것을 본 적이 있을 겁니다(A wave of people came out of the theater). 그렇지만 누구나 한 번쯤은 영화관에 들어서자 마자 영화가 막 시작되어 서둘러 극장 안으로 들어간 경험을 가져보았을 텐데요. 그 내용을 영어로 표현하면 다음과 같습니다.

The movie was about to begin when we stepped into the theater.

극장에 들어섰을 때 영화가 막 시작하려 했다.

영화관에 들어가서 컴컴한 어둠 속을 조심스럽게 걸어 자리에 앉았던 기억이 나지요?

theater라는 단어를 통해 또 다른 단어를 공부해볼까요? 추운 겨울에 극장 안의 히터 가 제대로 작동되지 않으면 죽을 맛일 겁니다. theater 안에는 heater가 들어 있습니다. heater 앞에 t를 붙이면 theater가 되니 철자 틀릴 일이 없을 겁니다. theater 안에 있는 heat를 활용하여 또 다른 단어를 공부해볼까요? heat앞에 w를 붙이면 곡물 중에 '밀'을 뜻하는 wheat가 됩니다. 밀을 알았으니 밀가루도 알아야겠지요. '밀가루'는 flour입니다. 밀가루 사업이 번창한다고 생각해보세요. '번창하다'는 flourish입니다. theater라는 단 어를 통해 wheat, flour, flourish라는 또 다른 단어를 익혀봤습니다.

대표 문장 구조 연습

자, 이번에는 〈T: theater〉 키워드 문장의 기본 구조를 활용해서 실생활에 쓰이는 다양한 문장들을 만들어보겠습니다. 〈is about to: 막 ~하려고 하다.〉입니다.

아침에 친구와 휴대전화로 통화하고 있는데 버스가 오는 것이 보여 친구에게 이렇게 말한다고 생각해보세요.

The bus is about to arrive.
버스가 지금 막 도착하려고 해.

미술품 경매가 지금 막 시작되려고 한다고 생각해보세요.

The auction is about to start.
경매가 지금 막 시작하려고 한다.

이 표현은 생쥐 한 마리가 벌이는 소동을 그린 재밌는 코미디 영화 〈마우스 헌트Mouse Hunt〉에 나오는 대사입니다. 남자친구가 지금 막 결혼반지를 보여주려고 한다면 다음과 같이 표현하면 됩니다.

He is about to show me the wedding ring.
그는 내게 지금 막 결혼반지를 보여주려고 한다.

버스가 지금 막 도착하려고 해.

....

경매가 지금 막 시작하려고 한다.

....

그는 내게 지금 막 결혼반지를 보여주려고 한다.

....

Step 2
내용 학습

자, 이제 〈T: theater〉 키워드 문장 안에 있는 중요한 내용을 살펴보겠습니다.
키워드 문장 안에 있는 것처럼 'be about to + 동사 원형'은 '지금 막 ~하려고 하다.'라는
뜻입니다. 예문을 볼까요?

The mayor is about to make a wrong decision.
시장은 지금 막 잘못된 결정을 내리려 한다.

'be about to'와 같은 구조로 쓰인 표현들을 정리해보겠습니다.

He is eager to escape from prison. 그는 탈옥하려고 애쓰고 있다.

⇒ be eager to는 '열심히 ~하다'라는 뜻입니다.

She is likely to ignore people. 그녀는 사람들을 무시하는 경향이 있다.

⇒ be likely to는 '~하는 경향이 있다'라는 뜻입니다.

They are ready to attack the castle. 그들은 성을 공격할 준비가 되어 있다.

⇒ be ready to는 '~할 준비가 되어 있다'라는 뜻입니다.

I'm reluctant to sign the contract. 나는 그 계약서에 서명하기가 꺼려진다.

⇒ be reluctant to는 '~하기를 꺼려하다'라는 뜻입니다.

He is sure to pass the exam. 그는 시험을 통과할 것이 확실하다.

⇒ be sure to는 '확실히 ~하다'라는 뜻입니다.

We are willing to help the refugees. 우리는 기꺼이 난민들을 도와줄 것이다.

⇒ be willing to는 '기꺼이 ~하다'라는 뜻입니다.

be about to	지금 막 ~하려고 하다.
be eager to	열심히 ~하다.
be likely to	~하는 경향이 있다.
be ready to	~할 준비가 되어 있다.
be reluctant to	~하기를 꺼리다.
be sure to	확실히 ~하다.
be willing to	기꺼이 ~하다.

시장은 지금 막 잘못된 결정을 내리려 한다.

그는 탈옥하려고 애쓰고 있다.

그녀는 사람들을 무시하는 경향이 있다.

그들은 성을 공격할 준비가 되어 있다.

나는 그 계약서에 서명하기가 꺼려진다.

그는 시험을 통과할 것이 확실하다.

우리는 기꺼이 난민들을 도와줄 것이다.

이제 구조 결합 구문을 볼까요?

'be about to' 구문과 가장 많이 연결되는 문법 중 하나가 〈Q: question〉 키워드 문장에서 공부한 명령문입니다. 전체 문장 구조가 명령문이니 주어를 사용하지 않고 동사의 원형을 맨 앞에 쓴 뒤, 그 뒤에 전치사를 쓰고 what을 써서 문장을 배열하면 됩니다. '~하는 것'이라는 뜻의 what이 'be about to 구문'과 연결되는 문장을 자꾸 연습하다 보면 어느새 영어의 수준이 한 단계 높아져 있음을 알 수 있을 겁니다. 이것이 구조 결합 문장들의 최대 장점입니다. 예문을 보고 익히시기 바랍니다.

'지금 내가 당신에게 하려는 말을 주의 깊게 들으세요'라는 말은 어떻게 표현 할까요? 주의 깊게 들어라(Listen very carefully) + 내가 당신에게 하려는 말(What I'm about to tell you)을 연결하면 되겠네요.

Listen very carefully to what I'm about to tell you.

지금 내가 당신에게 하려는 말을 주의 깊게 들으세요. ─영화 〈Bourne Ultimatum〉에서

⇒ 동사 원형 listen이 제일 앞에 나와 명령문을 만들고,
   listen to의 목적어로 what 문장이 나왔습니다.

아래의 두 문장도 똑같이 만들어보시기 바랍니다.

Pay attention to what he's about to announce.

그가 지금 막 발표하려고 하는 것에 집중하세요.

⇒ 동사 원형 pay로 명령문을 만들고,
   what 문장으로 목적어의 내용을 설명하고 있습니다.

Be careful with what you're about to touch.

당신이 지금 막 만지려고 하는 것에 주의하세요.

⇒ 동사 원형 be로 명령문을 만들고,
   what 문장으로 목적어의 내용을 설명하고 있습니다.

Step 3
마무리 문장 10개

이제 〈T: theater〉 키워드 문장으로 만들어낼 수 있는 문장들을 정리해보겠습니다.

The door is about to slam.

문이 쾅하고 닫힐 것 같다.

He was about to show the tourist the exact location of the building.

그는 여행객에서 그 건물의 정확한 위치를 지금 막 알려주려고 하고 있다.

The house is about to be destroyed by the flood.

그 집이 홍수로 파괴될 것 같다.

I'm about to recall the man I met yesterday.

나는 내가 어제 만난 그 남자를 지금 막 떠올리려 하고 있다.

Something wonderful is about to happen to you.

뭔가 멋진 일이 당신에게 지금 막 일어나려고 하고 있다.

They are about to share the information.

그들은 지금 막 그 정보를 공유하려고 하고 있다.

The woman is about to give birth to twin girls.

그 여자는 지금 막 쌍둥이 딸들을 낳으려고 한다.

We are about to learn the operating system.

우리는 지금 막 작동 시스템을 배우려 하고 있다.

The wasp is about to fly back through the window.

그 말벌은 창문 밖으로 다시 날아가려고 하고 있다.

He was about to go back inside because it was too cold.

날씨가 너무 추워서 그는 다시 안으로 들어가려고 하고 있다.

Theater

Check it out!

T » theater

step 1

"극장에 들어섰을 때 영화가 막 시작하려 했어."

버스가 지금 막 도착하려고 한다.

경매가 지금 막 시작하려고 한다.

그는 내게 지금 막 결혼반지를 보여주려고 한다.

Step 2

be about to	지금 막 ~하려고 하다.
be eager to	열심히 ~하다.
be likely to	~하는 경향이 있다.
be ready to	~할 준비가 되어 있다.
be reluctant to	~하기를 꺼려하다.
be sure to	확실히 ~하다.
be willing to	기꺼이 ~하다.

Step 3

10 sentences!

be about to + 명령문: "그가 지금 막 발표하려고 하는 것에 집중하세요."

···› Pay attention to what he's about to announce.

166

Umbrella

Q. '우산'이라는 단어를 보면 뭐가 떠오르나요?

On rainy days he never goes out without losing
his umbrella.

비 오는 날 그는 외출하면 항상 우산을 잃어버린다.

Umbrella

On rainy days he never goes out without losing his **umbrella**.

'우산' 하면 뭐가 떠오르나요? 영화 <사랑은 비를 타고Singin' In The Rain>에는 빗속에서 우산을 쓰고 배우들이 경쾌하게 춤을 추는 장면이 나옵니다. 투명 우산은 빗방울이 하늘에서 떨어지는 것을 직접 볼 수도 있죠. 한편 강한 바람 때문에 우산이 뒤집어진 경험도 많이 있을 겁니다(The strong wind turned my umbrella inside out). 하지만 누구나 한 번쯤 비 오는 날 쓰고 나갔다가 잃어버리고 온 경험을 해봤을 겁니다. 그 내용을 영어로 옮기면 다음과 같습니다.

On rainy days he never goes out without losing his umbrella.

비 오는 날 그는 외출하면 항상 우산을 잃어버린다.

이 문장을 보며 마지막으로 우산 잃어버린 곳이 떠오르나요?

umbrella로 다른 단어를 공부해볼까요? 우산이 영어로 umbrella인 것은 다 알지만 '우산살'이 영어로 뭔지 아는 사람은 많지 않습니다. 우산살은 umbrella라는 단어 안에 있는 철자 r을 이용하여 umbrella ribs입니다. 원래 'rib'은 '갈비'라는 뜻입니다. 이 단어는 terrible에 들어 있습니다. 아침에 출근하다 자전거와 부딪쳐 갈비뼈(rib)를 다치는 끔찍한(terrible) 사고를 당했다고 상상하면 됩니다. 병원에 가서 엑스레이 찍고 처방을 받았다고 생각해보세요. '처방하다'라는 뜻을 가진 단어는 prescribe입니다. 여기에도 rib이 들어 있습니다. 갈비뼈를 다쳐서 처방을 받는다고 생각하면 됩니다. 처방전은 prescription입니다. umbrella라는 쉬운 단어로 얻은 단어 umbrella ribs, prescribe, prescription 꼭 기억하세요.

대표 문장 구조 연습

자, 이번에는 〈U: umbrella〉 키워드 문장의 기본 구조를 활용해서 실생활에 쓰이는 다양한 문장들을 만들어보겠습니다. 〈never ~ without: 반드시 ~하다.〉입니다.

장마철에 비가 왔다 하면 억수로 퍼붓는 상황이라면 다음과 같이 표현하면 됩니다.

It never rains without pouring.
비가 왔다 하면 억수로 퍼붓는다.

여자친구와 만날 때마다 말다툼을 한다는 내용은 어떻게 표현할까요?

He never meets his girlfriend without arguing.
그는 여자친구를 만날 때마다 말다툼한다.

모임에 나타날 때마다 소란을 피우는 회원이 있다면 다음과 같이 말하면 됩니다.

He never shows up in the meeting without making a noise.
그는 모임에 나타나면 꼭 소란을 피운다.

비가 왔다 하면 억수로 퍼붓는다.

그는 여자친구를 만날 때마다 말다툼한다.

그는 모임에 나타나면 꼭 소란을 피운다.

Step 2
내용 학습

자, 이제 〈U: umbrella〉 키워드 문장 안에 들어 있는 중요한 내용을 살펴볼까요?
이 문장 안에 있는 'never ~ without -'은 '~하면 반드시 -한다.'라는 의미를 가진 표현입니다. 예문을 보겠습니다.

The children have been taught never to cross the street without looking both ways first.
아이들은 길을 건널 때 반드시 양쪽을 먼저 살펴보라는 교육을 받아왔다.

He never takes a test without failing the exam.
그는 시험 볼 때마다 떨어진다.

I never watch the movie without thinking of her.
그 영화를 보면 항상 그녀가 생각난다.

without이 전치사이니 뒤에는 동명사(-ing)가 온다는 것도 챙겨두세요.

| never~ without- | ~하면 반드시 -하다. |

아이들은 길을 건널 때 반드시 양쪽을 먼저 살펴보라는 교육을 받아왔다.

그는 시험 볼 때마다 떨어진다.

그 영화를 보면 항상 그녀가 생각난다.

170

Step 3
마무리 문장 10개

이제 〈U: umbrella〉 키워드 문장으로 만들어낼 수 있는 문장들을 정리해보겠습니다.

He never drinks without driving his car.

그는 술을 마시면 항상 운전을 한다.

She never speaks without smiling.

그녀는 말할 때 항상 웃는다.

She never watches the drama without crying.

그녀는 그 드라마를 보면 항상 운다.

He never discusses the matter without being skeptical.

그는 그 문제에 대해 논의할 때마다 회의적이다.

She never sleeps without having a nightmare.

그녀는 잠잘 때마다 악몽을 꾼다.

He never goes to the store without shoplifting.

그는 그 가게에 갈 때마다 물건을 훔친다.

She never drinks without singing a song.

그녀는 술을 마실 때마다 노래를 부른다.

He never studies English without analyzing the structure of a sentence.

그는 영어를 공부할 때마다 문장의 구조를 분석한다.

She never reads a novel without wondering how the hero's fate would turn out.

그녀는 소설을 읽을 때마다 주인공의 운명이 어떻게 될지 궁금해했다.

Most Koreans never think about Japan without harboring resentment against Japan for its colonial rule.

대부분의 한국인들은 일본을 생각할 때마다 일본의 식민 통치에 대한 분노를 품는다.

Check it out!

U » umbrella

step 1

"비 오는 날 그는 외출하면 항상 우산을 잃어버려."

비가 왔다 하면 억수로 퍼붓는다.

그는 여자친구를 만날 때마다 말다툼한다.

그는 모임에 나타나면 꼭 소란을 피운다.

Step 2

never~ without-: ~하면 반드시 –하다.

Step 3

10 sentences!

Vase

Q. '꽃병'이라는 단어를 보면 뭐가 떠오르나요?

The vase he dropped broke into pieces.

그가 떨어뜨린 꽃병은 산산조각 났다.

Vase
The **vase** he dropped broke into pieces.

'꽃병' 하면 뭐가 떠오르나요? 아름다운 예쁜 꽃이 꽂혀 있는 꽃병이 떠오르기도 하고 꽃병의 표면에 그려진 멋진 그림이 생각나기도 할 겁니다. 허리 부분이 잘록한 꽃병을 본 적이 있을 거예요(The vase has a narrow waist). 하지만 누구나 꽃병을 나르다가 바닥에 떨어뜨려서 꽃병이 산산조각 나는 장면을 본 적 있을 겁니다. 그 상황을 영어로 표현하면 다음과 같습니다.

The vase he dropped broke into pieces.
그가 떨어뜨린 꽃병은 산산조각 났다.

이 문장 보니 꽃병을 떨어뜨렸던, 잊고 있었던 기억이 되살아나나요?

vase라는 단어로 다른 단어를 배워볼까요? '정관 수술'이라는 어려운 단어를 배울 텐데 vase라는 쉬운 단어를 이용하면 됩니다. 정관 수술은 vasectomy입니다. 꽃병과 정관 수술을 어떻게 연결시킬까요? 정관 수술이 정관을 잘라 두 끝을 봉합하여 정자의 이동을 차단하는 수술이니 정관이 봉합된 모습이 꽃병의 좁은 목과 비슷하다고 상상해봅시다. 정자라는 단어는 vasectomy에 들어 있는 철자 s를 이용해서 sperm인 것도 함께 기억합시다. 그럼 난자는? vasectomy에 들어 있는 o를 이용한 ovum입니다. ovum의 복수형은 ova이고요. 이렇게 어려운 단어는 단어 안에 있는 쉬운 단어를 상상력으로 연결하면 됩니다. 예를 들어 embellish(장식하다)라는 단어는 안에 있는 bell을 이용하여 '크리스마스 트리를 작은 종(bell)으로 장식하다'라고 두 단어를 연결하면 됩니다. vase라는 쉬운 단어로 얻은 vasectomy, sperm, ovum 절대 잊지 마세요.

대표 문장 구조 연습

자, 이번에는 〈V: vase〉 키워드 문장의 기본 구조를 활용해서 실생활에 쓰이는 다양한 문장들을 만들어보겠습니다. 〈주어 + 수식하는 문장: ~한 주어〉입니다.

노점상에게서 산 목걸이가 결국 가짜로 판명이 났다면 이렇게 표현하면 됩니다.

The gold necklace I had bought from the street vendor turned out to be a fake.
노점상에게 산 그 목걸이는 그 금목걸이는 가짜로 밝혀졌다.

사랑하는 남편이 항상 행복하게 해준다면 이렇게 표현하면 됩니다.

My husband I truly love always makes me happy.
내가 사랑하는 남편이 항상 나를 행복하게 해준다.

어제 동료와 먹었던 음식이 정말 맛이 있었다면 이렇게 표현하면 됩니다.

The food I ate with my colleague tasted delicious.
동료와 같이 먹은 그 음식은 맛있었다.

노점상에게 산 그 목걸이는 그 금목걸이는 가짜로 밝혀졌다.

내가 사랑하는 남편이 항상 나를 행복하게 해준다.

동료와 같이 먹은 그 음식은 맛있었다.

Step 2
내용 학습

자, 이제 ⟨V: vase⟩ 키워드 문장 안에 들어 있는 중요한 내용을 살펴볼까요? 이번 문장의 특징은 주어가 아주 길다는 것입니다.

The vase he dropped broke into pieces.
그가 떨어뜨린 꽃병은 산산조각 났다.

영어 문장에서 주어가 길어지는 대표적인 사례들을 소개해보겠습니다.

1. 키워드 문장처럼 주어 바로 다음에 주어를 수식하는 주어, 동사를 쓰는 경우입니다.

The book I'm reading is really interesting.
내가 읽고 있는 그 책은 정말 재밌다.

2. 장소를 나타내는 주어 다음에 where을 쓰고 주어 동사를 쓰는 경우입니다.

The house where my niece lives looks expensive.
내 조카가 사는 그 집은 비싸 보인다.

3. 명사 다음에 동격 접속사 that을 쓰고 그 내용을 주어 동사로 쓰는 경우입니다(앞서 <S: student> 키워드의 내용이었죠).

The evidence that he murdered the doctor suddenly disappeared.
그가 그 의사를 죽였다는 증거가 갑자기 사라졌다.

4. 명사 다음에 to 부정사를 쓰는 경우입니다.

The best way to predict the future is to create it.
미래를 예측하는 가장 좋은 방법은 그것을 만드는 것이다.

5. 명사 다음에 현재분사(-ing), 과거분사(-ed)를 써서 주어가 길어지는 경우입니다.

1) The baby sleeping in the cradle looks so cute.
요람에서 잠자고 있는 그 아기는 귀여워 보인다.

2) The man rescued from a car crash was taken to the hospital.
자동차 충돌 사고에서 구조된 그 남자는 병원으로 옮겨졌다.

3) The hotel close to the beach is very popular.
해변과 가까운 그 호텔이 아주 인기다.

주어가 길어지는 경우

1. 주어 다음에 주어를 수식하는 문장이 오는 경우
2. 장소를 나타내는 주어 다음에 where 문장이 오는 경우
3. 주어 다음에 동격 접속사 that 문장이 오는 경우
4. 주어 다음에 주어를 수식하는 to 부정사가 오는 경우
5. 주어 다음에 -ing와 -ed를 써서 수식하는 경우

내가 읽고 있는 그 책은 정말 재밌다.

내 조카가 사는 그 집은 비싸 보인다.

그가 그 의사를 죽였다는 증거가 갑자기 사라졌다.

미래를 예측하는 가장 좋은 방법은 그것을 만드는 것이다.

요람에서 잠자고 있는 그 아기는 귀여워 보인다.

자동차 충돌 사고에서 구조된 그 남자는 병원으로 옮겨졌다.

해변과 가까운 그 호텔이 아주 인기다.

Vase

이제 구조 결합 구문을 볼까요?

이번 키워드의 목적격 관계대명사 문법과 많이 연결되는 내용 중 하나가 〈T: theater〉 키워드 문장에서 공부한 'be about to'입니다. 이 구조 결합 문장은 주어가 아주 길어지는 문장에서 자주 사용됩니다.

목적격 관계대명사 다음에 'be about to'를 써서 말하는 것은 쉬운 일이 아닙니다. 하지만 TED 등 영어 강연을 듣거나 영화 속 장문의 문장을 들을 때 자주 사용되기 때문에 익혀두면 다음부터는 그 문장이 들리고 이해될 겁니다. 부단한 노력을 통해 입에 익히기 바랍니다.

The system you are about to learn can change your life.
당신이 곧 배우게 될 이 시스템이 당신의 삶을 바꿀 수 있습니다.

⇒ '이 시스템이 당신의 삶을 바꿀 수 있습니다(The system can change your life) '당신은 곧 이 시스템을 배우게 될 것입니다(You are about to learn the system).' 의 두 문장이 결합했습니다. 중복되는 the system 대신 문장을 연결하는 관계대명사 that을 쓰고 부연 설명하는 내용을 뒤에 연결하면 됩니다. 관계대명사 that은 생략되었네요.

The test you are about to take may change your fate.
당신이 치르게 될 이 시험이 당신의 운명을 바꿀지도 모릅니다.

⇒ The test you are about to take. + You are about to take the test.의 두 문장이 결합했습니다.

The man you are about to meet will take you to the destination.
당신이 곧 만날 그 남자가 당신을 목적지로 데려다줄 것입니다.

⇒ The man you will take you to the destination + You are about to meet의 두 문장입니다.

The movie you are about to see is extremely unpleasant.
당신이 지금 막 볼 이 영화는 아주 불쾌할 것입니다. ―영화 〈A Series Of Unfortunate Events〉에서

⇒ The movie is extremely unpleasant + You are about to see의 두 문장입니다.

생각하고 만들어서 말하기보다는 문장을 반복하고 자연스레 암기하여 응용하는 것이 좋습니다.

Step 3
마무리 문장 10개

이제 〈V: vase〉 키워드 문장으로 만들어낼 수 있는 문장들을 정리해보겠습니다.

The fishing rod I bought yesterday is very strong.

내가 어제 산 그 낚싯대는 아주 튼튼하다.

The meeting I attended lasted for three hours.

내가 참석한 그 회의는 세 시간 동안 지속되었다.

The movie I watched with my son contained violent scenes.

아들과 함께 본 그 영화는 폭력적인 장면을 담고 있었다.

The rumor I heard yesterday is spreading like a wildfire through the Internet.

내가 어제 들은 그 소문이 인터넷을 통해 들불처럼 퍼지고 있다.

The perfect spouse he has been looking for doesn't exist.

그가 찾았던 완벽한 배우자는 존재하지 않는다.

The dictionary I bought at the bookstore is very thick.

내가 서점에서 산 그 사전은 아주 두껍다.

The singer I adore received a standing ovation from the crowd after the performance.

내가 아주 좋아하는 그 가수는 공연 후에 청중들로부터 기립 박수를 받았다.

The student I want to recommend is very smart.

내가 추천하고 싶은 그 학생은 아주 똑똑하다.

The suspect I had arrested confessed his crime.

내가 체포한 그 용의자가 범행을 자백했다.

The woman I met last weekend is a devout Christian who prays several times a day.

지난 주말 내가 만난 그 여자는 하루에도 여러 번 기도를 하는 독실한 기독교인이다.

Check it out!

V » vase

step 1

"그가 떨어뜨린 꽃병은 산산조각 났어."

노점상에게 산 그 목걸이는 그 금목걸이는 가짜로 밝혀졌다.

내가 사랑하는 남편이 항상 나를 행복하게 해준다.

동료와 같이 먹은 그 음식은 맛있었다.

Step 2

주어가 길어지는 경우

1. 주어 다음에 주어를 수식하는 문장이 오는 경우
2. 장소를 나타내는 주어 다음에 where 문장이 오는 경우
3. 주어 다음에 동격 접속사 that 문장이 오는 경우
4. 주어 다음에 주어를 수식하는 to 부정사가 오는 경우
5. 주어 다음에 -ing, -ed 를 써서 수식하는 경우

Step 3

10 sentences!

목적격 관계대명사 + be about to :

"당신이 곧 배우게 될 이 시스템이 당신의 삶을 바꿀 수 있습니다."

···▸ The system you are about to learn can change your life.

Q. '물'이라는 단어를 보면 어떤 상상이 드나요?

It would be a miracle if a person walked on water.

사람이 물 위를 걷는다면 그것은 기적일 것이다.

Water

It would be a miracle if a person walked on **water**.

'물' 하면 떠오르는 이미지가 뭔가요? '물이 얼면 고체가 된다(Water becomes a solid if it freezes)'나 '물의 끓는점은 섭씨 100도이다(The boiling point of water is 100 degrees in Celsius)'라는 과학적인 사실이 떠오를 수도 있고 물속에 비친 얼굴을 물끄러미 바라본 경험 (I gazed at my own reflection in the water)이 생각날 수도 있습니다. 그런데 간혹 물을 바라보며 물 위를 걷고 싶다는 상상해본 적 없나요? 그 내용을 영어로 옮기면 다음과 같습니다.

It would be a miracle if a person walked on water.

사람이 물 위를 걷는다면 그것은 기적일 것이다.

예수님이 물 위를 걷는 장면이 상상되지 않나요?

water라는 쉬운 단어로 다른 단어를 공부해볼까요? 아침에 나뭇잎에 맺힌 이슬이 해가 뜨니 증발해서 없어진 것을 본 적이 있습니다. '증발하다'라는 어려운 단어는 water 안에 있는 e를 이용하면 됩니다. evaporate(증발하다)입니다. 문장 하나 볼까요? The water on the leaves soon evaporated in the sunshine(나뭇잎에 있던 물이 햇빛으로 증발했다). evaporate의 명사형은 evaporation입니다. 증기는 evaporate에 들어 있는 vapor이고요. water라는 쉬운 단어로 얻은 evaporate, evaporation, vapor 꼭 기억하세요.

대표 문장 구조 연습

자, 이번에는 〈W: water〉 키워드 문장의 기본 구조를 활용해서 실생활에 쓰이는 다양한 문장들을 만들어보겠습니다. 〈if + 주어 + 과거 동사: 만약 ~라면〉입니다.

보고 싶은 연인이 멀리 떨어져 있어서 새라도 되어 날아가서 만나고 싶다면 다음과 같이 표현하면 됩니다.

I would fly to you if I were a bird.
내가 새라면 너에게 날아갈 텐데.

정말 좋아하는 여자와 결혼해서 그녀를 행복하게 해주고 싶다면 다음과 같이 표현하면 됩니다.

I would make her happy if I married her.
내가 그녀와 결혼한다면 그녀를 행복하게 해줄 텐데.

돈을 많이 벌어 세계 일주 여행을 떠나고 싶다면 다음과 같이 표현하면 됩니다.

I would travel around the world if I made a lot of money.
돈을 많이 벌면 세계 일주 여행을 떠날 수 있을 텐데.

내가 새라면 너에게 날아갈 텐데.

내가 그녀와 결혼한다면 그녀를 행복하게 해줄 텐데.

돈을 많이 벌면 세계 일주 여행을 떠날 수 있을 텐데.

Step 2
내용 학습

자, 이제 〈W: water〉 키워드 문장 안에 들어 있는 중요한 내용을 살펴볼까요? 현재 이룰 수 없는 상황을 가정해서 표현할 때는 〈If + 주어 + 과거 동사, 주어 + 조동사의 과거 + 동사 원형〉의 형태로 쓰면 됩니다. 다음 문장을 볼까요?

I would fly to you if I were a bird.
내가 새라면 너에게 날아갈 텐데.

우선, 지금 현재 나는 새가 아닙니다. 그런데 지금 내 심정은 상대에게 날아가고 싶습니다. 이렇게 현재 상태를 반대로 가정해서 표현해야 하기에 현재가 아닌 과거 시제를 써야 합니다. 조동사 will 대신 would를 쓰고 be동사의 과거형 were을 씁니다. be동사의 경우에는 was를 쓰는 경우도 있으나 원칙적으로는 were을 써야 합니다. 예문을 하나 더 볼까요?

I would be happy if I passed the exam.
시험에 합격하면 행복할 텐데.

지금 나는 시험에 합격할 수 없습니다. 불가능한 현재를 가정했으니 과거 시제를 써서 주어 다음에 would를 썼고 if 다음에 pass의 과거형 passed를 쓴 것을 알 수 있습니다.

가정법 과거	If + 주어 + 과거 동사, 주어 + 조동사의 과거 + 동사 원형

시험에 합격하면 행복할 텐데.

✚플러스 학습

현재 이루고자 하는 내용을 가정해서 표현하는 또 다른 방법으로 as if와 I wish를 쓰는 방법이 있습니다. 역시 as if나 I wish 다음에 과거형을 쓰면 됩니다.

as if는 '마치 ~인 것처럼'이라고 새기면 됩니다. 실제 현재의 일은 아니라는 의미를 담고 있습니다. wish 다음에 과거형을 쓰면 '~라면 좋을 텐데'라는 뜻이 됩니다. 실제는 아니지만 그렇게 되었으면 좋겠다는 바람을 담고 있습니다. as if나 I wish 용법은 모두 현재 사실의 반대를 표현하기에 시제를 과거로 써야 한다는 것을 꼭 명심하기 바랍니다. 예문을 볼까요?

I wish I met the actress. 내가 그 여배우를 만나면 좋을 텐데.

⇒ wish 다음에 과거형 met이 쓰인 것을 알 수 있습니다.

He talks as if he were a teacher. 그는 마치 선생님처럼 말한다.

⇒ as if 다음에 과거형 were이 쓰인 것을 알 수 있습니다.

또한 현재 사실을 반대로 가정하는 것이 아니라 과거에 이미 일어난 일을 반대로 상상해보는 가정법도 있겠죠? 그럴 때는 조금 더 복잡하지만 똑같은 원리로 과거 시제 대신 'had + -ed'라는 과거완료 시제를 사용해주면 됩니다. 앞에서 익힌 예문을 통해 적용해볼까요?

I would be happy if I passed the exam.

시험에 합격하면 행복할 텐데.

I would have been happy if I had passed the exam

시험에 합격했더라면 행복했을 텐데.

⇒ 이미 일어난 과거 사실을 반대로 가정했기 때문에 과거 시제를 쓸 수 없습니다. 위의 설명처럼 과거완료 시제를 써서 <주어 + 조동사 과거 + have -ed, if + 주어 + had -ed>를 써줘야 합니다. 그래서 주어 다음에 would have been, if 다음에는 had passed를 쓴 것을 알 수 있습니다.

복잡한 내용이었네요. 이제 복습하며 정리해볼까요?

I wish 가정법	I wish + 주어 + 과거 동사: ~라면 좋을 텐데
as if 가정법	as if + 주어 + 과거 동사: 마치 ~인 것처럼
가정법 과거완료	If + 주어 + had -ed, 주어 + 조동사의 과거 + had -ed

내가 그 여배우를 만나면 좋을 텐데.

그는 마치 선생님처럼 말한다.

시험에 합격했더라면 행복했을 텐데.

Step 3
마무리 문장 10개

이제 〈W: water〉 키워드 문장으로 만들어낼 수 있는 문장들을 정리해보겠습니다.

He would be released if he were innocent.

그가 무죄라면 석방될 텐데.

I would be happy if she treated her liver cancer.

그녀가 간암을 치료하면 내가 행복할 텐데.

I would purchase the expensive car if I were rich.

내가 부자라면 그 비싼 차를 구입할 수 있을 텐데.

My family would not be shattered if my father were not a drug addict.

아버지가 마약 중독자가 아니면 우리가 가족은 산산 조각나지 않을 텐데.

I would believe him if the rumor were groundless.

그 소문이 근거 없는 것이라면 나는 그를 믿을 텐데.

I would call him if I knew his contact number.

연락처를 알면 그에게 전화할 텐데.

I would wear the dress if I were not fat.

뚱뚱하지 않으면 그 드레스를 입을 텐데.

He would be exempted from military service if his eyesight were severely poor.

그가 시력이 아주 나쁘면 군 복무가 면제될 텐데.

The hair loss would not occur if there were no stress.

스트레스만 없다면 탈모는 일어나지 않을 텐데.

We would live a meaningful life if we lived every day like it could be our last.

우리가 매일매일을 삶의 마지막 날인 것처럼 산다면 의미 있는 삶을 살 텐데.

Check it out!

W » water

step 1

"사람이 물 위를 걷는다면 그것은 기적일 거야."

내가 새라면 너에게 날아갈 텐데.

내가 그녀와 결혼한다면 그녀를 행복하게 해줄 텐데.

돈을 많이 벌면 세계 일주 여행을 떠날 수 있을 텐데.

Step 2

가정법 과거	If + 주어 + 과거 동사, 주어 + would + 동사 원형
I wish 가정법	I wish + 주어 + 과거 동사
as if 가정법	as if + 주어 + 과거 동사
가정법 과거완료	주어 + 조동사의 과거 + have - ed, if + 주어 + had - ed

Step 3

10 sentences!

X-ray

Q. '엑스레이'라는 단어를 보면 어떤 장면이 떠오르나요?

The doctor took x-rays to see if there were any fractures.

그 의사는 골절이 있는지 알아보기 위해 엑스레이를 찍었다.

X-ray

The doctor took **x-rays** to see if there were any fractures.

'엑스레이' 하면 뭐가 떠오르나요? x선을 발견한 독일의 물리학자 뢴트겐이 생각날 수도 있고 거대한 엑스레이 장비를 다루는 x선 기사가 떠오를 수도 있을 겁니다. 그렇지만 무엇보다도 뼈에 손상이 가서 병원에서 x선 촬영을 받는 상황을 떠올릴 수 있을 겁니다. 엑스레이 사진을 보고 부러진 뼈를 확인했겠지요(I saw a broken bone showed up on the x-ray). 이 내용을 영어로 옮기면 다음과 같습니다.

The doctor took x-rays to see if there were any fractures.

그 의사는 골절이 있는 지 알아보기 위해 엑스레이를 찍었다.

이 문장을 보니 저도 어릴 때 얼음 위에서 공놀이하다 쇄골을 다쳐 엑스레이를 찍어본 기억이 나네요.

ray라는 단어를 통해서 다른 단어들을 알아볼까요? 'ray'는 광선이라는 뜻입니다. 햇빛을 막기 위해 쓰는 선글라스인 '라이방'이 바로 'ray ban'입니다. ban은 '금지'라는 뜻의 단어입니다. 기도를 간절히 해서 마치 하늘에서 한 줄기 광선이 자신에게 비치는 것과 같은 느낌이 들었다고 생각해보세요. '기도하다'라는 뜻의 단어는 pray입니다. ray에 철자 p만 붙여주면 되겠죠. 또한 pray에 있는 철자 a를 e로 바꾸면 '먹이'라는 뜻의 prey가 만들어집니다. 굶주린 사자가 먹이(prey)가 걸리길 기도한다(pray)고 연상하면 됩니다. 이때 철자 a는 '제단'에서 기도한다고 상상해서 '제단'이라는 뜻의 altar를 나타낸다고 생각하면 훨씬 많은 단어를 챙길 수 있습니다. ray라는 단어로 건진 pray, prey, altar를 잊지 마세요.

대표 문장 구조 연습

자, 이번에는 〈X: x-ray〉 키워드 문장의 기본 구조를 활용해서 실생활에 쓰이는 다양한 문장들을 만들어보겠습니다. 〈to + 동사 원형: ~하기 위해〉입니다.

야채를 사기 위해 식료품 가게에 갔다면 다음과 같이 표현하면 됩니다.

I went to the grocery store to buy vegetables.
나는 야채를 사기 위해 식료품 가게에 갔다.

가게를 운영하기 위해 은행에서 대출을 받았다면 다음과 같이 표현하면 됩니다.

I loaned some money from the bank to run the store.
나는 가게를 운영하기 위해 은행에서 돈을 대출받았다.

국회의원이 법안을 통과시키기 위해 최선을 다했다면 다음과 같이 표현하면 됩니다.

The congressman did his best to pass the bill.
그 국회의원은 법안을 통과시키기 위해 최선을 다했다.

나는 야채를 사기 위해 식료품 가게에 갔다.

나는 가게를 운영하기 위해 은행에서 돈을 대출받았다.

그 국회의원은 법안을 통과시키기 위해 최선을 다했다.

Step 2
내용 학습

자, 이제 〈X: x-ray〉 키워드 문장 안에 있는 중요한 내용을 살펴보겠습니다. 〈X: x-ray〉 키워드 문장은 to 부정사를 써서 '~하기 위해'라는 표현을 만들어냅니다. 같은 의미의 in order to라는 표현도 많이 쓰입니다. 이러한 to 부정사의 용법을 'to 부정사의 부사적 용법'이라고 하는데, 문장 안에서 그저 의미를 부연 설명하는 부사의 역할을 한다는 뜻입니다. 예문을 통해 살펴볼까요?

The driver changed lanes to pass the car ahead.
그 운전자는 앞 차를 추월하기 위해 차선을 변경했다.

⇒ '추월하기 위해'는 'to pass'로 표현하면 됩니다. 문장의 필수적인 요소는 아니지만 의미를 더하는 역할을 하고 있네요.

He did his best to attain his goal.
그는 목표를 성취하기 위해 최선을 다했다.

⇒ He did his best까지만 해도 문장은 완성되지만 최선을 다한 이유 'to attain his goal'을 추가로 설명해주고 있습니다.

She went to the department store to get a refund.
그녀는 환불받기 위해 백화점에 갔다.

⇒ '환불받다'라는 표현 'get a refund'도 챙겨두세요.

그렇다면 '~하지 않기 위해'는 어떻게 표현할까요? to 부정사 앞에 not을 붙이기만 하면 됩니다. 입으로 반복하여 익혀주세요.

He got up early in the morning not to miss the train.
그는 기차를 놓치지 않기 위해 아침에 일찍 일어났다.

⇒ not이 to miss 바로 앞에 위치합니다.

to 부정사의 부사적 용법   to + 동사 원형: ~하기 위해

to 부정사의 부정   not to + 동사 원형: ~하지 않기 위해

그 운전자는 앞 차를 추월하기 위해 차선을 변경했다.

그는 목표를 성취하기 위해 최선을 다했다.

그녀는 환불받기 위해 백화점에 갔다.

그는 기차를 놓치지 않기 위해 아침에 일찍 일어났다.

이제 구조 결합 구문을 볼까요?

〈X: x-ray〉 키워드 문장에서 배운 to 부정사 용법은 간단하면서도 활용도가 매우 높은 표현입니다. 함께 살펴볼 구조 결합은 바로 앞 〈G: game〉 키워드 문장에서 배운 수동태 표현입니다. 수동태 문법을 먼저 쓰고 바로 다음에 to 부정사를 써서 이유를 설명하는 구조입니다. 간단하면서도 실생활에 자주 쓰이는 표현이니 함께 만들어보겠습니다.

'우리는 창조하기 위해 태어났다.'라는 문장을 만든다고 합시다.
'우리는 태어났다' + '창조하기 위해'의 순서겠죠. 영어로는 We were born + to create이 니 다음과 같습니다.

We were born to create.
우리는 창조하기 위해 태어났다.

마찬가지로 '새 길을 만들기 위해 오래된 건물들이 철거되었다.'는 어떻게 할까요?
오래된 건물들이 철거되었다(The old buildings were torn down)' + '새 길을 만들기 위해(to make a new road)'입니다.

The old buildings were torn down to make a new road.
새 길을 만들기 위해 오래된 건물들이 철거되었다.

마지막으로 '증거를 찾기 위해 수색영장이 발부되었다.'라는 문장을 직접 만들어보시기 바랍니다.

The search warrant was issued to discover evidences.
증거를 찾기 위해 수색영장이 발부되었다.

Step 3
마무리 문장 10개

이제 〈X: x-ray〉 키워드 문장으로 만들어낼 수 있는 문장들을 정리해보겠습니다.

The cop entered the building to arrest the criminal.

경찰은 그 범죄자를 체포하기 위해 건물로 들어갔다.

He will go to the court to testify.

그는 증언하기 위해 법원에 갈 것이다.

We met the mayor to explain the situation.

우리는 그 상황을 설명하기 위해 시장을 만났다.

I work hard to double my income in the next year.

나는 내년에 소득을 두 배로 늘리기 위해 열심히 일한다.

He became a substitute driver to make a living.

그는 생계를 꾸려가기 위해 대리 운전사가 되었다.

She went to the beauty shop to dye her hair blonde.

그녀는 머리를 금발로 염색하기 위해 그 미용실에 갔다.

He met the director to make a quick appearance in the film.

그는 그 영화에 깜짝 출연하기 위해 감독을 만났다.

The deaf girl used sign language to communicate with us.

그 귀먹은 소녀는 우리와 의사소통하기 위해 수화를 했다

I entered the attic to replace the old light bulb with a new one.

나는 오래된 전구를 새 전구로 교체해야 하기 위해 다락방에 들어갔다.

I tried to overcome stage fright to become a good actor.

나는 훌륭한 배우가 되기 위해 무대 공포증을 극복하려고 애썼다.

Check it out!

X » x-ray

step 1

"그 의사는 골절이 있는지 알아보기 위해 엑스레이를 찍었어."

나는 야채를 사기 위해 식료품 가게에 갔다.

나는 가게를 운영하기 위해 은행에서 돈을 대출받았다.

그 국회의원은 법안을 통과시키기 위해 최선을 다했다.

Step 2

to 부정사의 부사적 용법: to + 동사 원형: ~하기 위해

Step 3

10 sentences!

수동태 + to 부정사: "우리는 창조하기 위해 태어났다."

···▶ We were born to create.

Youth

Q. '젊음'이라는 단어를 보면 어떤 장면이 떠오르나요?

She seems to have been a beauty in her youth.

그녀는 젊었을 때 미인이었던 것처럼 보인다.

Youth

She seems to have been a beauty in her **youth**.

'젊음' 하면 떠오르는 이미지가 뭔가요? 무엇이든 시도해보려는 패기로 똘똘 뭉친 '도전정
신'이 생각날 수도 있고 '젊음'이라는 매력을 마음껏 발산하는 청춘남녀가 떠오를 수도 있을
겁니다. 젊음이 영원하지 않다는 말을 어른들에게서 들은 기억도 있을 겁니다(Keep in mind
that youth is not eternal). 그런가 하면 나이가 많이 들었는데도 고운 자태를 유지하는 여자
분을 보면 젊었을 때 참 미인이었겠구나 하는 생각이 들었던 경험도 있을 겁니다. 그 내용을
영어로 옮기면 다음과 같습니다.

She seems to have been a beauty in her youth.

그녀는 젊었을 때 미인이었던 것처럼 보인다.

youth라는 단어를 통해서는 재미보다는 의미를 생각해보는 시간을 가져보겠습니다. '젊
음'이라는 뜻의 youth에는 '밖으로'라는 뜻의 out이 들어 있습니다. 왜 out이 들어 있을
까요? 그것은 젊음(youth)을 속에 감춰두는 것이 아니라 마음껏 밖으로(out) 발산해야
하는 특권이기 때문이겠죠. 잔뜩 움츠리고 있기보다는 무한 도전을 할 수 있는 나이라
는 것을 새기라는 뜻으로 youth에 out이 들어 있는 것입니다. 이렇게 '젊음'에 대해 개
념이 정리되었다면 도전에 나서야겠지요. 도전할 때도 새겨둘 단어를 알려줄게요. 바로
'seat'입니다. seat에는 sea가 들어 있습니다. 어렵고 힘들어도 자리(seat)에 안주하기보다
는 거친 바다(sea)로 나아가라는 뜻에서 seat 안에 sea가 들어 있는 것입니다. 잔잔한 바
다에서는 훌륭한 어부가 나올 수 없다는 말이 있습니다. 그러니 거친 바다를 두려워하
지 말고 과감히 도전하세요. youth—out은 '젊음을 마음껏 밖으로 발산하다' seat—sea
는 '자리에 안주하지 말고 거친 바다로 나가라.' 꼭 기억하시기 바랍니다.

대표 문장 구조 연습

자, 이번에는 〈Y: youth〉 키워드 문장의 기본 구조를 활용해서 실생활에 쓰이는 다양한 문장들을 만들어보겠습니다. 〈seem to~: ~인 것 같다.〉입니다.

친구가 직장 동료와 사랑에 빠진 것 같다면 다음과 같이 표현하면 됩니다.

He seems to fall in love with his colleague.
그는 동료와 사랑에 빠진 것 같다.

회사 경영이 어려워 곧 부도가 날 것 같으면 다음과 같이 표현하면 됩니다.

The company seems to go bankrupt in the near future.
그 회사는 가까운 장래에 부도가 날 것 같다.

폭우로 불어난 물로 다리가 붕괴될 것 같다면 다음과 같이 표현하면 됩니다.

The bridge seems to collapse because of the flood.
그 다리는 홍수 때문에 붕괴될 것처럼 보인다.

그는 동료와 사랑에 빠진 것 같다.

그 회사는 가까운 장래에 부도가 날 것 같다.

그 다리는 홍수 때문에 붕괴될 것처럼 보인다.

Step 2
내용 학습

자, 이제 ⟨Y: youth⟩ 키워드 문장 안에 있는 중요한 내용을 살펴보겠습니다. '~인 것처럼 보이다.'라는 표현은 seem to 다음에 동사 원형을 쓰면 됩니다.

예문을 통해 살펴볼까요?

She seems to make a mistake on the stage because she is too nervous.
그녀는 너무 긴장해서 무대에서 실수할 것처럼 보인다.

그런데 같은 의미로 '~인 것처럼 보이다.'라는 표현을 동사 look을 이용해서 표현하면 바로 다음에 형용사를 써야 합니다.

He looks happy. 그는 행복해 보인다.

⇒ look 다음에 동사가 아닌 형용사 happy가 쓰인 것을 알 수 있습니다.

문장의 모양을 결정하는 것은 동사인데, 동사의 특성에 따라서 같은 의미라 하더라도 뒤에 오는 단어의 성분이 달라진다는 것을 유의하시기 바랍니다.

| **~인 것처럼 보이다** | seem to + 동사 원형 |
| | look + 형용사 |

그녀는 너무 긴장해서 무대에서 실수할 것처럼 보인다.

그는 행복해 보인다.

200

look 이외에도 유사하게 쓰이는 감각과 관련된 동사들을 살펴보겠습니다.

sound, feel, smell, taste 등의 동사를 흔히 '~을 듣다' '~을 느끼다' '~을 맡다' '~을 맛보다'의 의미로 생각합니다. 그렇다면 뒤에는 감각을 느끼는 대상(목적어)이 나와야겠죠. 하지만 주의하시기 바랍니다. 위의 동사들은 '~하게 들리다' '~하게 느끼다' '~한 냄새가 나다' '~한 맛이 나다'가 정확한 뜻입니다. 때문에 look처럼 뒤에는 '~하게'에 해당하는 형용사를 써야만 하는 동사들입니다.

예문을 통해 살펴보겠습니다.

You sound close. 네 말이 가까이 있는 것처럼 들려.

⇒ sound는 '~을 듣다'가 아니라 '~처럼 들리다'입니다. 때문에 뒤에 '가까운'이라는 형용사가 와서 '가깝게 들려'라고 해석이 되는 것을 알 수 있습니다.

The silk feels soft. 그 비단은 느낌이 부드러워.

⇒ feel 뒤에 '부드러운'이라는 형용사가 와서 '부드럽게 느껴져'라고 해석이 됩니다. 예외적으로 feel은 '~한 느낌이 나다'와 '~을 느끼다' 둘 다의 의미를 가질 수 있는 동사입니다. 때문에 뒤에 대상을 가질 수도 있습니다.

The room smells terrible. 그 방은 냄새가 끔찍해.

⇒ smell 뒤에 '끔찍한'이라는 형용사가 와서 '끔찍한 냄새가 나'라고 해석이 되네요.

The pizza tastes delicious. 그 피자는 맛이 좋아.

⇒ taste 뒤에 '맛있는'이라는 형용사가 와서 '맛이 좋아'라고 해석하면 되겠습니다.

seem도 마찬가지로 '~하게 보이다'의 의미라서 뒤에는 형용사가 올 것 같지만 예외적으로 to 부정사가 온다는 것이 주의할 점이니 꼭 기억하세요.

look + 형용사	~하게 보이다.
sound + 형용사	~하게 들리다.
feel + 형용사	~한 느낌이 들다.
smell + 형용사	~한 냄새가 나다.
taste + 형용사	~한 맛이 나다.

네 말이 가까이 있는 것처럼 들려.

그 비단은 느낌이 부드러워.

그 방은 냄새가 끔찍해.

그 피자는 맛이 좋아.

Step 3
마무리 문장 10개

이제 〈Y: youth〉 키워드 문장으로 만들어낼 수 있는 문장들을 정리해보겠습니다.

He seems to hate his nephew.

그는 조카를 미워하는 것처럼 보인다.

She seems to lose her necklace.

그녀는 목걸이를 잃어버린 것처럼 보인다.

He sees to judge people by their appearance.

그는 사람들을 외모로 판단하는 것 같다.

He seemed to be unconscious by the time I got there.

내가 거기 도착했을 무렵 그는 의식이 없는 것처럼 보였다.

She seems to feel inferior to other people.

그녀는 다른 사람들보다 열등하다고 느끼는 것처럼 보인다.

He seems to suffer from depression.

그는 우울증을 겪고 있는 것처럼 보인다.

She seems to be addicted to gambling.

그녀는 도박에 중독된 것처럼 보인다.

He seemed to imitate what he had seen in committing the crime.

그가 범죄를 저질렀을 때 그가 본 것을 모방한 것처럼 보였다.

She seems to be undaunted by the criticism.

그녀는 그러한 비판에 굴하지 않는 것처럼 보인다.

He seems to pour paint thinner on himself and try to set himself on fire.

그는 몸에 시너를 끼얹고 분신을 시도한 것으로 보인다.

Check it out!

Y » youth

step 1

"그녀는 젊었을 때 미인이었던 것처럼 보여."

그는 동료와 사랑에 빠진 것 같다.

그 회사는 가까운 장래에 부도가 날 것 같다.

그 다리는 홍수 때문에 붕괴될 것처럼 보인다.

Step 2

seem to + **동사원형**	~인 것처럼 보이다.
look + **형용사**	~인 것처럼 보이다.
sound + **형용사**	~하게 들리다.
feel + **형용사**	~한 느낌이 들다.
smell + **형용사**	~한 냄새가 나다.
taste + **형용사**	~한 맛이 나다.

Step 3

10 sentences!

Zoo

Q. '동물원'이라는 단어를 보면 뭐가 떠오르나요?

I will take my kid to the zoo this weekend.

나는 이번 주말에 아이들을 동물원에 데리고 갈 것이다.

Zoo

I will take my kids to the **zoo** this weekend.

'동물원' 하면 뭐가 떠오르나요? 코끼리나 코뿔소 같은 덩치 큰 동물들이 생각날 수도 있고 원숭이 같은 동물들에게 먹이를 준 기억이 떠오르기도 할 겁니다. 희귀한 동물을 처음 본 경험도 있을 겁니다(You can see a lot of unusual animals at a zoo). 그렇지만 누구나 한번은 아이들을 동물원에 데리고 간 경험이 있을 겁니다. 그 내용을 영어로 표현하면 다음과 같습니다.

I will take my kid to the zoo this weekend.

나는 이번 주말에 아이들을 동물원에 데리고 갈 것이다.

zoo라는 쉬운 단어로 또 다른 단어를 공부해볼까요? zoo는 '동물원'이고 zoology는 '동물학'입니다. 이렇게 ~ology로 끝나는 말들은 '~학'을 뜻합니다. 알파벳 순서대로 볼까요? anthropology(인류학), biology(생물학), criminology(범죄학), dermatology(피부학), ecology(생태학), geology(지질학), lithology(암석학), meteorology(기상학), neurology(신경학), ornithology(조류학), psychology(심리학), radiology (방사선학), sociology(사회학), theology(신학), urology(비뇨기학)입니다. 어려운 용어처럼 보이지만 생각보다 실생활에서 자주 접할 수 있습니다. 몇 번 반복하며 익혀보시기 바랍니다.

대표 문장 구조 연습

자, 이번에는 〈Z: zoo〉 키워드 문장의 기본 구조를 활용해서 실생활에 쓰이는 다양한 문장들을 만들어보겠습니다. 〈tate to~: ~에 데려다주다.〉입니다.

비행기 시간이 급해서 공항까지 데려다줘야 한다면 어떻게 표현할까요?

I will take you to the airport.
나는 너를 공항에 데려다줄 거야.

비자를 발급받아야 해서 대사관에 데려다줘야 한다면 다음과 표현하면 됩니다.

I will take him to the embassy.
나는 그를 대사관에 데려다줄 것이다.

딸을 기숙사까지 데려다줘야 하는 상황은 다음과 같이 표현하면 됩니다.

I will take my daughter to the dormitory.
나는 내 딸을 기숙사에 데려다줄 것이다.

니는 너를 공항에 데려다줄 거야.

나는 그를 대사관에 데려다줄 것이다.

나는 내 딸을 기숙사에 데려다줄 것이다.

Step 2
내용 학습

자, 이제 〈Z: zoo〉 키워드 문장 안에 들어 있는 중요한 내용을 살펴볼까요? 동사 take 다음에 사람을 쓰고 to 다음에 장소를 쓰면 '~를 -로 데리고 가다'라는 뜻이 됩니다. 예문을 살펴볼까요?

I will take the lawyer to the Korea Bar Association.
나는 그 변호사를 대한 변호사협회에 데려다줄 것이다.

take는 '~을 손에 넣다, 취하다'라는 뜻으로도 쓰입니다.

I want you to take the wheel because I'm drunk.
내가 술이 취해서 그러니 네가 운전대를 잡았으면 좋겠다.

⇒ take the wheel은 운전대를 취한다는 뜻이므로 운전대를 잡는다는 의미를 가집니다.

take는 '시간이 걸리다'라는 뜻으로도 쓰입니다.

How long will it take?
시간이 얼마나 걸려?

이처럼 하나의 동사로 여러가지 표현이 가능한 것이 take 동사입니다.

take 사람 + to 장소	사람을 ~로 데려가다.
take	~을 손에 넣다, 취하다, 시간이 걸리다.

나는 그 변호사를 대한 변호사협회에 데려다줄 것이다.

....

내가 술이 취해서 그러니 네가 운전대를 잡았으면 좋겠다.

....

시간이 얼마나 걸려?

....

이제 구조 결합 구문을 볼까요?

'take + to 장소' 구문과 가장 많이 연결되는 문법 중 하나가 〈B: baby〉 키워드 문장에서 공부한 사역동사입니다. 문장은 사역동사를 먼저 쓰고 다음에 'take + to 장소' 구문을 뒤에 붙이면 됩니다.

사역동사 have, help, let, make 중 let이 제일 많이 쓰여서 예문은 let 동사 위주이지만 나머지 사역동사를 활용해서 같은 구조의 문장을 직접 만들어보세요.

'내가 널 도서관에 데려다주게 해줘.'라는 표현을 만들어봅시다. 사역동사 let은 허락의 의미가 있다고 했으니 '내가 ~을 하게 해주다.'라는 의미는 'Let me + 동사원형'으로 표현하면 될 것입니다. '데려다주다'는 'take + 사람 + to 장소'이니 다음과 같습니다.

Let me take you to the library.
내가 널 도서관에 데려다주게 해줘.

똑같은 원리로 아래 두 문장을 직접 만들어보시기 바랍니다.

내가 널 수도원에 데려다주게 해줘.

⇒Let me take you to the monastery.

내가 너를 집에 데려다주게 해줘. ―영화 〈The World Is Not Enough〉에서

⇒ Let me take you home.

Step 3
마무리 문장 10개

이제 〈Z: zoo〉 키워드 문장으로 만들어낼 수 있는 문장들을 정리해보겠습니다.

I will take the ambassador to the embassy.
나는 그 대사를 대사관에 데려다줄 것이다.

He will take the injured people to the hospital.
그는 그 부상자들을 병원으로 데리고 갈 것이다.

She will take the orphans to the amusement park.
그녀는 그 고아들을 놀이 공원에 데려다줄 것이다.

I will take the students to the dormitory.
나는 그 학생들을 기숙사에 데려다줄 것이다.

We will take the widows to the national cemetery.
우리는 그 미망인들을 국립묘지로 모실 것이다.

I took the witness to the police station.
나는 그 목격자를 경찰서에 데려다주었다.

He took the experts to the conference room.
그는 그 전문가들을 회의실로 데려다주었다.

I took the defendant to the courtroom.
나는 그 피고를 법정으로 데리고 갔다.

He took the athletes to the stadium.
그는 선수들을 경기장으로 데리고 갔다.

I took the deserted soldier to the military base.
나는 그 탈영병을 군부대로 데리고 갔다.

Check it out!

Z » zoo

step 1

"나는 이번 주말에 아이들을 동물원에 데리고 갈 거야."

나는 너를 공항에 데려다줄 거야.

나는 그를 대사관에 데려다줄 것이다.

나는 내 딸을 기숙사에 데려다줄 것이다.

Step 2

take + to 장소: ~로 데려가다.

take: ~을 손에 넣다, 취하다, 시간이 걸리다.

Step 3

10 sentences!

take to 장소 + 사역동사: "내가 널 도서관에 데려다주게 해줘."

····▸ Let me take you to the library.

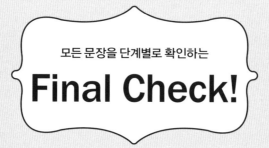

모든 문장을 단계별로 확인하는

Final Check!

Album

Step 1   This album reminds me of my happy school days.
This song reminds me of my old friend.
This photo reminds me of my grandfather.
This book reminds me of the author.

Step 2   They deprived me of the right to vote.
He informed her of her husband's death.

Step 3   This apple reminds of the grocery store.
This game reminds me of the stadium.
This insect reminds me of last summer vacation.
This room reminds me of the attic.
This x–ray photograph reminds me of the patient.
She reminds us of what is really important in life.
Helplessness can deprive us of energy and vitality.
His misunderstanding deprived me of the chance to explain my actions.
Some parents deprive their children of the love they require for
healthy growth.
The teacher informed the principal of the student's accident.

Baby

Step 1 The photographer tried everything to make the baby smile.

My son tried everything to get a job.

The teacher tried everything to persuade the two students
to reconcile each other.

The employees tried everything to finish the work by seven.

Step 2 I will make my brother clean the room.

He will make me sign the contract.

She used to make her husband wash the dishes after dinner.

I had him repair my car.

She helped me achieve my goal.

They let me go home.

My mom got me to wash the dishes.

Step 3 The assassin tried everything to kill the traitor.

The criminal tried everything to destroy all the evidence.

The engineer tried everything to explain the new technology.

The interpreter tried everything to translate the article into French.

The lawyer tried everything to win the lawsuit.

The nurse tried everything to take care of the old man.

The prisoner tried everything to escape from the jail.

The refugees tried everything to get food and shelter.

The tutor tried everything to make the student understand
the grammatical points.

The woman lawmaker tried everything to pass the bill.

Car

Step 1 He had trouble getting the car started in the cold weather.

I had trouble finding his house.

I had trouble persuading my stubborn daughter.

The mechanic had trouble fixing the machine.

Step 2 They had difficulty crossing the border.

She had a hard time solving the math questions.

Step 3 The child has trouble concentrating in class.

I have difficulty expressing my emotions.

She has trouble getting pregnant.

The police have trouble identifying the body.

He has trouble overcoming adversity.

The management had trouble persuading the labor union.

He had trouble comforting his wife who had a miscarriage.

The patient has a hard time walking without crutches.

I had trouble letting my son understand everything he does counts.

The two sides had difficulties reaching an agreement.

Final Check!

Dog

Step 1 Dogs can become aggressive if provoked.

We can blush with shame if insulted.

He can marry his girlfriend if promoted.

The fugitive can be sentenced to life imprisonment if arrested this time.

Step 2 He will become indignant if laughed at.

The prisoner will live a true life if released.

He was embarrassed when asked.

They had nowhere to go when banished from the village.

He will become worse unless punished by the teacher.

The bill will be abandoned unless accepted.

Step 3 The application will be returned unless filled out properly.

The child will be sent to an orphanage unless adopted.

College freshmen told their personal goals when asked.

The driver was sent to the nearest hospital when injured.

The book received a lot of praise when translated into several languages.

The game became tougher when played in capricious
weather conditions.

The mayor will be put into the jail if accused by the prosecution.

The student was sent to the school infirmary when he skinned
his legs and arms.

He will become very proud when complimented by the principal.

The employee was extremely delighted when complimented by the boss.

Elevator

Step 1 An elevator is a small room that carries people or goods up
and down in tall buildings.
I read the book that was recommended by my friend.
He bought the suit that was displayed at the store.
I'm looking at the house that was destroyed by the flood.

Step 2 This is the man who kidnapped the child.
I put away the knife which looked dangerous.
I like the painting that always gives me inspiration.

구조결합 There is a book on the table.
I used to take a walk after dinner.
There used to be a post office in front of the station.
There used to be a fur coat in the wardrobe.
There used bo be a fountain pen in the drawer.
There used bo be a haunted house in the village
What a beautiful mountain it is!
It is impossible to please everyone.
What an exciting experience it is to travel around the world with her!
What a tedious thing it is to work with him!
What a surprising situation it is for him to assassinate the president!
What an incredible achievement it is for her to climb the peak!
This is the fur that makes me look fat.
This is the music that makes him feel happy.
This is the skirt that makes her look thin.

Step 3 An atheist is a person who denies the existence of God.
I respect the minister who has devoted his entire life to helping
the poor.
I miss my mother who died giving birth to me.
I like the restaurant which looks very clean.
I love the music that makes me happy.

Final Check!

People like the politician who does what he thinks is right despite tremendous political pressure.

I like to advise the people who sacrifice the present moment for the sake of the future.

I vividly remember the girl who would sit by the door, with knees drawn to the chest.

I like the man who speaks in a soft and quiet voice.

He envies the businessman who can earn in a year what could take average people up to a decade to earn.

Floor

Step 1 It is disgusting to see people spit on the floor.

It was disgusting to see my colleague flatter to the boss.

It was disgusting to see my friend throw up.

It was disgusting to see the passenger next to me drool in his sleep.

Step 2 It is bad to smoke three packs of cigarettes.

It is dangerous to climb the tall tree.

It is hard to master several foreign languages.

Step 3 It is bad to blame others in person.

It is dangerous to cross the deep river.

It is good to exercise regularly every day.

It is hard to create or learn new things when we are frightened, angry or depressed.

It is important to live a balanced life.

It is impossible to change the personality you are born with.

It is natural to be attracted to kind people.

It is necessary to help the poor and the sick.

It is possible to persuade him to accept the suggestion.

It is rude to enter the house without permission.

Final Check!

Game

Step 1 The game was suspended because of the rain.

The criminal was forgiven because of his true repent.

The workers in the factory were killed because of toxic fumes.

The facility was destroyed because of the heavy rain.

Step 2 They are treated like slaves only because of their skin colors.

I want you to be respected by people.

I enjoy being complimented.

I have been ignored for a long time in the office.

I should have been recommended this time.

He is being punished by the teacher.

Step 3 The orphan was raised by the monk.

The remains were found at the foot of the mountain.

Ten books could be checked out at a time because of the new
library policy.

The student was expelled because he smoked at school.

The whole squad was disciplined because of the mistake
one soldier had made.

The suggestion was refused even though he did his best.

The wife was brutally murdered when her husband came home.

The employee might be fired unless she worked hard.

Fear can be overcome with the help of wise thinking.

The bodies were sent to the National Institute of Scientific
Investigation for identification and autopsy.

Hair

Step 1 I had my hair cut short at the barbershop.

I had my car repaired at the garage.

I had my wisdom tooth pulled out at the dental clinic.

I had my hair dyed at the beauty shop.

Step 2 I had my arm tattooed.

I had my ears pierced.

I will make my brother clean the room.

He will make me sign the contract.

Step 3 I had my film developed.

I had my visa extended.

I had my wrist x–rayed.

I had my hair shaved.

I had my manuscript edited.

I had my trousers ironed.

I had my fingers colored red.

I had my driver's license suspended.

She had her shoes polished yesterday.

My mother had her suitcase delivered to her house.

Island

Step 1   The island is famous for its beautiful scenery.
The author is famous for his novel titled <The Old Man and the Sea>.
The village is famous for its special souvenir.
The building is famous for its unique appearance.

Step 2   I believe in God.
The bag belongs to her.
We regard him as a genius.
The teacher scolded him for not doing his homework.
He is a slave to money.
I have interest in science.
There is no limit to what you can do.
They built the bridge on a huge scale.
We visited this museum for a special purpose.
He is good at swimming.
She is poor at math.
He is responsible for the accident.
His style is totally different from mine.
I'm very proud of you.
Our products are superior to competitor's.
What's wrong with the man?

Step 3   The book is famous for its peculiar design.
The church is famous for its devout congregation.
The company is famous for its unique products.
The festival is famous for its splendid fireworks.
The flower is famous for its fragrance.
The house is famous for its huge study.
The Pope is famous for his unlimited love.
The professor is famous for his eccentric character.
The scholar is famous for his numerous books.
The theater is famous for its popular performance.

Juice

Step 1   Drinking orange juice every morning is good for your health.

Doing best in life all the time is the key to success.

Making your life simple is essential to be happy.

Emptying your mind is the road to inner peace.

Step 2   I enjoy digging the clams at the tidal flat.

Seeing is believing.

He gave me the experience of being deeply understood, truly supported, and completely loved.

Loving people unconditionally is noble.

Being loved by my husband makes me happy.

Ignoring people without any reason is very bad.

Being ignored by supervisors at work is unfair.

구조결합   His testifying in the court was not accepted.

Helping the poor is often overlooked.

Speaking loud in the public place is prohibited.

Step 3   Arresting the criminal is urgent.

Approaching the building is prohibited.

Asking a lady her age is impolite.

Changing your eating habits is the best way to lose weight.

Expecting something good to happen is good.

Expressing an opinion is necessary.

Giving up trying to change is bad.

Helping people in need is necessary.

Spending the weekend relaxing in the countryside is good for your health.

Trying to attain goals is significant.

Key

Step 1 I clearly remember putting the key in my pocket this morning.

I remember lending my friend some money.

I remember studying with my girlfriend at the library.

I remember visiting the museum with my kids.

Step 2 I remember creating the world.

I forgot meeting the man.

You have to remember to brush your teeth before you go to bed.

Don't forget to send me the text message after class.

구조결합 I remember having my car repaired at t he garage.

I remember having my hair dyed at the beauty shop.

I remember having my tooth pulled out at the dental clinic.

Step 3 I remember arguing over things that didn't matter.

I remember assisting him in finding the document.

I remember being ignored because I looked poor.

I remember being treated like a suspect.

I remember bleeding when I had a car accident.

I remember climbing the mountain.

I remember dropping out of school at the age of thirteen.

I remember my heart pounding when I first met her.

I remember noticing something strange about him.

I remember notifying the police that my son disappeared.

Line

Step 1 A straight line is the shortest distance between two points.

He is the tallest student in the class.

This is the highest mountain in our city.

This is the most expensive car in our dealership.

Step 2 This is the smallest cap in the store.

This is the largest island in the nation.

He is the youngest son in the family.

She is the most beautiful employee in the company.

This is the most difficult course in the road.

It is the most popular book in the bookstore.

구조결합 Reading books is the best way to enlarge your vocabulary.

Changing your eating habits is the best way to lose weight.

Washing your hands is the best way to stop germs from spreading.

Step 3 He was the most arrogant man in the meeting.

She is the smartest student in the class.

The dream was the worst nightmare I have ever had.

He was the bravest fire fighter in the fire station.

That is the nearest pharmacy from here.

It is the most expensive suit in the store.

He is the most influential sales employee in the dealership.

He is the most cruel murderer in the crime history.

This is the most interesting book in the library.

This is the most useful tool on the shelf.

Final Check!

Mirror

Step 1 Objects in the mirror are closer than they appear.
He is stronger than I.
The suitcase is heavier than I thought.
The situation is more serious than we imagined.

Step 2 It is easier for a camel to go through the eye of a needle than
for a rich man to enter the kingdom of God.
The ears of the rabbit are larger than those of a fox.
The woman in the party is more attractive than I guess.
The cliff is more dangerous than it looks.

Step 3 The apple is bigger than the one in the basket.
The dam was more enormous than I thought.
The first room is three times larger than the second.
The gentleman is much older than you think.
My goal is not to be better than anyone else but rather be
better than I was yesterday.
Negative words destroy a person quicker than you imagine.
Nothing is more beautiful than cheerfulness in your face.
The rose is prettier than any of the flowers in the garden.
One leg is shorter than the other.
What you think of yourself is much more important than
what others think of you.

Newspaper

Step 1 I have subscribed to the newspaper for ten years.

I have lived in Seoul for twenty years.

I have loved the woman for a long time.

He has worked at the company for over thirty years.

Step 2 I have supported him for a long time.

He has met the professor at the university.

The bus has arrived at the bus stop.

She has lost her purse.

구조결합 This is the stupidest question I have ever been asked.

This is the most impressive movie I've ever watched.

This is the most interesting book I've ever read.

You are the prettiest girl I've ever seen.

This is the most difficult letter I've ever had to write.

You are the most beautiful bride I've ever seen.

That is the rudest man I've ever seen in my life.

You are the most brilliant man I've ever known.

Step 3 I have arrived at the station.

He has been to England.

She has ignored people for a long time.

I have stood my alcoholic husband for over ten years.

Experts have argued about what makes a person happy years.

I have been to the orchard to pick pears.

My feet have gone numb with cold.

He has given me something far more valuable than money.

He hasn't paid me the money he owes me.

Tears have rolled down my cheeks.

Final Check!

Onion

Step 1 My eyes are always filled with tears whenever I peel onions.
Take out a mirror and look at yourself whenever anger comes up.
The roof used to leak whenever it rained.
You can ask for help whenever you want.

Step 2 He bothers me whenever he sees me.
I don't care wherever you go.
Whoever is happy will make others happy.
Never give up whatever you do.

Step 3 I feel nervous whenever I go onto the stage.
The other person will want to reciprocate by doing something nice for you, whenever you do something nice or someone else.
He feels joyful whenever he listens to the music.
I become angry whenever he tells me a lie.
Whenever you have a problem or difficulty of any kind, look upoon it as a special opportunity that is sent to help you to become stronger.
The vast open space reminds me of how small we are whenever I look at the night sky.
We rarely get bored whenever we are doing something exciting and interesting.
I would stop by my favorite coffee shop whenever I feel gloomy.
You experience stress whenever you procrastinate, especially on important tasks.
Try to carry a little photo album that has a picture of your kids whenever you travel for business.

Pencil

Step 1   I cut my finger while sharpening the pencil.

I fell down on the ground while walking in the alley.

I was deeply moved by the story while reading the article.

I fell asleep while watching the drama.

Step 2   He ate the Chinese food while playing the computer game.

They tried to find the evidence while looking around the crime scene.

She listened to her favorite music while taking a walk.

구조결합   I remember seeing a cockroach while replacing a light bulb

in the room.

I remember finding an impressive sentence while reading the book

in the library.

I remember being insulted while attending the meeting.

Step 3   She crossed her legs while talking on the phone.

He tried to find her intention while listening to her.

He listened to the weather forecast while driving the car.

You should not slight what's near while aiming at what's far.

We are losing something valuable while accumulating material wealth.

I came up with good ideas while talking to my brother.

I'd sit on the bench in the park while waiting for my friend to come.

I happened to meet a friend of mine while walking down the street.

He had an accident while driving in a blizzard.

He scanned the newspaper while having his breakfast.

Final Check!

Question

Step 1 Consider the question carefully before you respond.

Wash your hands before you eat breakfast.

Turn off all the lights before you leave the office.

Ventilate the air before you clean the classroom.

Step 2 Make your parents happy.

Quit being negative to yourself.

Let me know in advance before you visit the museum.

Don't hesitate to ask me when you have any questions.

Step 3 Apologize to your friend before it is too late.

Check the expiration date on canned food when you buy it.

Count to ten before you speak when you are angry.

Hear both sides before you judge.

Make sure your passport is still valid before you buy your plane ticket to go abroad.

Organize your thoughts before you start writing.

Read the contract minutely before you sign it.

Remember to close the windows before you leave work.

Show the security ID card before you enter the building.

Try to keep a diary before you finish your day.

Rose

Step 1 The fragrance of a rose is so sweet that it can fill the entire room.

It is so hot that I feel like swimming.

I am so angry with his behavior that I really want to fire him.

She was so beautiful that she attracted attention from everyone in the party.

Step 2 He is so diligent that he can attain his goals in the near future.

My cousin was so diligent that he could earn a lot of money in a short period of time.

I'm too tired to focus on class.

I'm too sleepy to study.

She is too poor to buy the groceries.

구조결합 He is so taciturn that it is not easy to talk to him.

The mountain is so high that it is impossible for him to climb it.

The baggage was so heavy that it was necessary for me to call the cab.

Step 3 He was so afraid that he could not climb the cliff.

She is so stubborn that nobody can persuade her.

He was so hot that he plunged into the river.

She was so ashamed that she wanted to cry.

He was so fat that he looked as though he had been blown up with a powerful pump.

The lesson was so important that I decided to write a book about it.

The belief in democracy was so strong that he sacrificed his life for it.

The floor of the waiting room was so slippery that he almost fell.

It was so dark that I didn't know where to go.

She felt so dizzy that she could not stand.

Final Check!

Student

Step 1 The student was suspended for the fact that he cheated on the exam.

I didn't know the fact that he was a fraud.

I was deeply impressed by the fact that he was a poet.

I was shocked by the fact that his life changed so suddenly.

Step 2 There is no evidence that he stole the money.

There is no possibility that she will recover from the illness.

구조결합 The movie reminds me of the fact that true love is very valuable.

The experience reminds me of the fact that prevention is the best cure.

The lesson reminds me of the fact that mutual respect is important.

Step 3 You must accept the fact that you lost the game.

He was shocked by the fact that his life changed so suddenly.

We need to enjoy the fact that we are alive.

Think about the fact that you are healthy enough to work.

I was deeply impressed by the fact that she was a sculptor.

We face the fact that we all must die.

It is hard to deny the fact that honor won't last.

Take comfort in the fact that you are not alone.

I lament the fact that I don't fully understand the meaning of the teaching.

I thank her for the fact that she has devoted her entire life to helping the poor.

Theater

Step 1 The movie was about to begin when we stepped into the theater.

The bus is about to arrive.

The auction is about to start.

He is about to show me the wedding ring.

Step 2 The mayor is about to make a wrong decision.

He is eager to escape from prison.

She is likely to ignore people.

They are ready to attack the castle.

I'm reluctant to sign the contract.

He is sure to pass the exam.

We are willing to help the refugees.

구조결합 Listen very carefully to what I'm about to tell you.

Pay attention to what he's about to announce.

Be careful with what you're about to touch.

Step 3 The door is about to slam.

He was about to show the tourist the exact location of the building.

The house is about to be destroyed by the flood.

I'm about to recall the man I met yesterday.

Something wonderful is about to happen to you.

They are about to share the information.

The woman is about to give birth to twin girls.

We are about to learn the operating system.

The wasp is about to fly back through the window.

He was about to go back inside because it was too cold.

Final Check!

Umbrella

Step 1 On rainy days he never goes out without losing his umbrella.

It never rains without pouring.

He never meets his girlfriend without arguing.

He never shows up in the meeting without making a noise.

Step 2 The children have been taught never to cross the street
without looking both ways first.

He never takes a test without failing the exam.

I never watch the movie without thinking of her.

Step 3 He never drinks without driving his car.

She never speaks without smiling.

She never watches the drama without crying.

He never discusses the matter without being skeptical.

She never sleeps without having a nightmare.

He never goes to the store without shoplifting.

She never drinks without singing a song.

He never studies English without analyzing the structure
of a sentence.

She never reads a novel without wondering how the hero's fate
would turn out.

Most Koreans never think about Japan without harboring
resentment against Japan for its colonial rule.

Vase

Step 1 The vase he dropped broke into pieces.

The gold necklace I had bought from the street vendor turned out to be a fake.

My husband I truly love always makes me happy.

The food I ate with my colleague tasted delicious.

Step 2 The book I'm reading is really interesting.

The house where my niece lives looks expensive.

The evidence that he murdered the doctor suddenly disappeared.

The best way to predict the future is to create it.

The baby sleeping in the cradle looks so cute.

The man rescued from a car crash was taken to the hospital.

The hotel close to the beach is very popular.

구조결합 The system you are about to learn can change your life.

The test you are about to take may change your fate.

The man you are about to meet will take you to the destination.

The movie you are about to see is extremely unpleasant.

Step 3 The fishing rod I bought yesterday is very strong.

The meeting I attended lasted for three hours.

The movie I watched with my son contained violent scenes.

The rumor I heard yesterday is spreading like a wildfire through the Internet.

The perfect spouse he has been looking for doesn't exist.

The dictionary I bought at the bookstore is very thick.

The singer I adore received a standing ovation from the crowd after the performance.

The student I want to recommend is very smart.

The suspect I had arrested confessed his crime.

The woman I met last weekend is a devout Christian who prays several times a day.

Final Check!

Water

Step 1 It would be a miracle if a person walked on water.

I would fly to you if I were a bird.

I would make her happy if I married her.

I would travel around the world if I made a lot of money.

Step 2 I would be happy if I passed the exam.

I wish I met the actress.

He talks as if he were a teacher.

I would have been happy if I had passed the exam.

step 3 He would be released if he were innocent.

I would be happy if she treated her liver cancer.

I would purchase the expensive car if I were rich.

My family would not be shattered if my father were not a drug addict.

I would believe him if the rumor were groundless.

I would call him if I knew his contact number.

I would wear the dress if I were not fat.

He would be exempted from military service if his eyesight were severely poor.

The hair loss would not occur if there were no stress.

We would live a meaningful life if we lived every day like it could be our last.

X-ray

Step 1 The doctor took x-rays to see if there were any fractures.

I went to the grocery store to buy vegetables.

I loaned some money from the bank to run the store.

The congressman did his best to pass the bill.

Step 2 The driver changed lanes to pass the car ahead.

He did his best to attain his goal.

She went to the department store to get a refund.

He got up early in the morning not to miss the train.

구조결합 We were born to create.

The old buildings were torn down to make a new road.

The search warrant was issued to discover evidences.

Step 3 The cop entered the building to arrest the criminal.

He will go to the court to testify.

We met the mayor to explain the situation.

I work hard to double my income in the next year.

He became a substitute driver to make a living.

She went to the beauty shop to dye her hair blonde.

He met the director to make a quick appearance in the film.

The deaf girl used sign language to communicate with us.

I entered the attic to replace the old light bulb with a new one.

I tried to overcome stage fright to become a good actor.

Final Check!

Youth

Step 1 She seems to have been a beauty in her youth.

He seems to fall in love with his colleague.

The company seems to go bankrupt in the near future.

The bridge seems to collapse because of the flood.

Step 2 She seems to make a mistake on the stage because she is too nervous.

He looks happy.

You sound close.

The silk feels soft.

The room smells terrible.

The pizza tastes delicious.

Step 3 He seems to hate his nephew.

She seems to lose her necklace.

He sees to judge people by their appearance.

He seemed to be unconscious by the time I got there.

She seems to feel inferior to other people.

He seems to suffer from depression.

She seems to be addicted to gambling.

He seemed to imitate what he had seen in committing the crime.

She seems to be undaunted by the criticism.

He seems to pour paint thinner on himself and try to set himself on fire.

Zoo

Step 1 I will take my kid to the zoo this weekend.

I will take you to the airport.

I will take him to the embassy.

I will take my daughter to the dormitory.

Step 2 I will take the lawyer to the Korea Bar Association.

I want you to take the wheel because I'm drunk.

How long will it take?

구조결합 Let me take you to the library.

Let me take you to the monastery.

Let me take you home.

Step 3 I will take the ambassador to the embassy.

He will take the injured people to the hospital.

She will take the orphans to the amusement park.

I will take the students to the dormitory.

We will take the widows to the national cemetery.

I took the witness to the police station.

He took the experts to the conference room.

I took the defendant to the courtroom.

He took the athletes to the stadium.

I took the deserted soldier to the military base.

Final Check!

영어, 이제 달리자!

초판 1쇄 발행 | 2019년 2월 7일

지은이 이강석
발행인 이대식

편집 김화영 나은심 손성원 김자윤
마케팅 배성진 박상준 **관리** 홍필례
디자인 모리스

주소 서울시 종로구 평창길 329(우편번호 03003)
문의전화 02 – 394 – 1037(편집) 02 – 394 – 1047(마케팅)
팩스 02 – 394 – 1029
홈페이지 www.saeumbook.co.kr
전자우편 saeum98@hanmail.net
블로그 blog.naver.com/saeumpub
페이스북 facebook.com/saeumbooks
인스타그램 instagram.com/saeumbooks

발행처 (주)새움출판사
출판등록 1998년 8월 28일(제10 – 1633호)

ⓒ 이강석, 2019
ISBN 979 – 11 – 89271 – 41 – 1 13740